Aglaia Szyszkowitz
Von der Rolle

Aglaia Szyszkowitz
Von der Rolle

Wie ich
die Liebe
zum Leben
neu
entdeckt
habe

MOLDEN

Gotthold Ephraim Lessing, ein Dichter der Empfindsamkeit, forderte gemischte Charaktere auf der Bühne, es reiche nicht, Heldinnen und Helden zu zeigen, nur das Strahlende und das Schöne, es sei vielmehr wichtig, die Gefühle, die Gebrochenheit und die Schatten zu zeigen, damit die Zuseher und Zuseherinnen sich identifizieren könnten, denn nur fehlbaren Charakteren kann man sich nahe fühlen. Das Publikum sollte erkennen, wie ähnlich es doch den leidenden Figuren ist, um dann gestärkt daraus hervorzugehen. Ich bin in einem Haus groß geworden, in dem es von Anfang an darum ging, auch das Schwierige und das Komplexe anzusprechen. Ein Ansatz, der alles andere als leicht ist und furchtbar nerven kann, aber auch einer, der mich zu dem Menschen gemacht hat, der ich heute bin. In der Öffentlichkeit werde ich, so bekomme ich es gespiegelt, als „strahlende, erfolgreiche und schöne" Frau wahrgenommen. Kaum jemand verbindet mit meiner Person Schlagworte wie Krise, Angst, Scheitern oder Verzweiflung. Auch diese Seite zu zeigen, ohne effektvolle Inszenierung intimster Verletzlichkeit, das war für mich beim Schreiben meines Buches das Wichtigste, dass ich zeigen darf: Es ist nicht alles eitel Wonne.

Mein Leben, mein eigentlich doch so buntes, volles, warmes und scheinbar sicheres Leben ist mir im letzten Jahr auf die Füße gefallen. Es hat mich in vollem Galopp aus der Kurve fliegen und so hart landen lassen, dass ich mir so ziemlich alles gebrochen habe, was man sich nur brechen kann. Mit das Schlimmste war, ich konnte nicht mehr so arbeiten, wie ich es gewohnt war. Leben auch nicht mehr. Und vor allem nicht mehr allein sein.

Mitunter hat es sich so angefühlt wie das Lebensende, dabei war ich nicht lebensbedrohlich erkrankt oder hatte einen schweren Schicksalsschlag zu verkraften. Ich hatte alles, ein Dach über dem Kopf, Menschen, die mich lieben. Zwei wunderbare Söhne, einen starken Partner. Einen stabilen Freundeskreis. Und eine Freundin, die auf diesem Höllenritt mit auf dem Pferd saß. Eine große Familie. Das alles war mir klar und das ist mir bewusst – jeden Tag bin ich dankbar. Trotzdem gab es diese schwere Lebenskrise.

Ich möchte meine Erfahrung teilen. Mit euch, die ihr mein Buch in diesem Augenblick aufgeschlagen habt. Mit euch, die ihr mich als Schauspielerin kennt und euch nicht vorstellen könnt, dass ich Angst habe, hadere, kämpfe, nicht aus dem Bett komme, mir die Frage nach dem Sinn meines Lebens stelle und genauso wie alle anderen verzweifle, wenn ich mich ungeliebt, allein gelassen und schwach fühle.

Irgendwann im letzten Jahr hat eine befreundete Kostümbildnerin zu mir gesagt: „Aglaia, du warst für mich immer der Inbegriff von Lebensfreude und Zuversicht, das kann doch nicht sein, dass dieses Strahlen weg ist ... das bist doch so du! Du musst lächeln. Wenn nicht für dich, dann lächle doch bitte für uns!" Damit hat sie den Nagel auf den Kopf getroffen. Ich habe sehr viel für meine Außenwelt gelächelt und dabei vergessen, es für mich selbst zu tun. Eine bittere Erkenntnis.

Wie konnte das passieren?

Ich möchte euch mitnehmen in die Abgründe des letzten Jahres und euch zeigen, wie man aus dem Höllental wieder herauskommt – mit Rückschlägen und allem Drum und Dran. Euch von mir erzählen, von meiner Herkunft und dem, was mich geprägt hat. Euch an der Hand nehmen in Sachen Lebenskrise, Perspektivlosigkeit und Ängstlichkeit, die ihr vielleicht kennt. Euch Mut machen, wenn ihr auch gerade kämpft. Und euch einladen, den langen Weg des Reinkippens und Aus-dem-Sumpf-wieder-Rauskletterns mit mir zu teilen. Ich danke jetzt schon allen, die mich dabei begleitet haben: in erster Linie meinem Mann, meinen Söhnen und meiner Freundin Verena.

Wer hätte das gedacht – eine Welt bricht zusammen

Aber beginnen wir am Anfang. Meine Namenspatronin Aglaia, die griechische Göttin der Anmut, steht für Glanz, Pracht und prunkende Schönheit. Tatsächlich wurde ich nach der großartigen Burgtheaterschauspielerin Aglaja Schmid benannt, die ich später persönlich kennenlernen durfte. Ich heiße gerne so, und ich mag es, wenn man mich mit meinem Namen anspricht. Gut, ich bin ehrlich gesagt zufrieden, wenn mein Gegenüber „Aglaia" einigermaßen gut rauskriegt, bei dem Nachnamen habe ich schon so viele Varianten gehört, dass meine Erwartungen diesbezüglich nicht hoch sind. Ich sage immer: Stellt euch zweimal „Sch" vor, wie das Geräusch einer alten Dampflok, und dann denkt an den Witz! So müsste es eigentlich klappen!" Denn um den Namen zu wechseln, ist es jetzt wohl zu spät.

Der Glanz fing bereits im Herbst 2021 an zu verblassen, die „prunkende Schönheit" ging Stück für Stück verloren. Meine Lebensfreude, mein Leuchten und die mir eigene Leidenschaft für die Dinge des Lebens verschwanden immer mehr. Noch funktionierte ich, weil ich seit dreißig Jahren mit Haut und Haaren Schauspielerin war und weil ich den ganzen Trubel eigentlich liebte. Es ging mir schon längere Zeit nicht besonders gut und es wurde zunehmend schlechter. Ich versuchte – ein eingeübter Reflex – lange Zeit zu verstecken, wie schlimm es wirklich um mich stand.

Alles begann mit Rückenschmerzen. Die plagten mich seit Jahren. 2020 hatte ich das ganze Jahr durchgearbeitet. Sieben Filme gedreht. Atemlos. Das war jenes Jahr, in dem die Welt eigentlich zum Stillstand gekommen war und uns die Pandemie in eine neue Zeitrechnung zwang. In den Zeiten, in denen ich nicht drehte, organisierte ich Konzerte für die Bewohner:innen von Altersheimen in Graz. In Summe hatte ich im Coronajahr die vermutlich arbeitsreichste Phase meines Lebens. Ich spürte schon heftige Verspannungen im unteren Rücken und konnte bereits nicht mehr lange sitzen oder auf Schuhen mit Absatz gehen. Mir fehlten trotzdem die Zeit und die Muße, mich darum wirklich zu kümmern. Wenn es möglich war, ging ich zwischendurch schwimmen, das hat kurzfristig geholfen, aber durch die Dreharbeiten konnte ich auch da nie konsequent dranbleiben. Immer wieder musste ich Behandlungen bei Chiropraktikern und Osteopathen einschieben. Der eine stellte diese Diagnose und zeigte mir jene Übungen, der nächste sagte etwas vollkommen anderes und riet mir zu anderen Methoden und durch mein ständiges Unterwegssein konnte ich bei keinem Arzt oder Therapeuten wirklich landen.

Auch in meinem Privatleben bahnten sich an mehreren Fronten Umbrüche an. Aus meinen zwei kleinen Buben, denen ich bis zuletzt sonntags Frühstück gemacht hatte, waren – irgendwie unerwartet schnell – junge Männer geworden. Der Ältere ausgezogen, der Jüngere nach dem Abi auf dem Weg, die Welt zu entdecken. Und dann war da noch Marcus, mein Ehemann. Auch in dieser Beziehung stand eine Transformation an: Wir lebten zwar formal in München noch zusammen, hatten uns im Sommer 2021 jedoch getrennt und ich verbrachte die viel Zeit in Wien. Ich hatte eine Vorstellung, wie ich leben wollte, aber keine wirkliche Idee, das auch umzusetzen. Wohin die Reise gehen sollte, war ungewiss. Kein so tolles Gefühl ... und nicht zuletzt war ich mit Mitte fünfzig voll in den Wechseljahren angekommen, ich spürte unmissverständlich, körperlich begann ein neuer Abschnitt.

****

Vier Wochen Drehzeit im Oktober 2021 für meine Reihe „Billy Kuckuck" mit mir als Gerichtsvollzieherin in der Hauptrolle in Köln standen vor mir. Es ging mir damals nicht gut, mir setzte die Trennung von Marcus zu und die Einsicht, dass ich die Wohnung in Wien zu übereilt angemietet hatte. Außerdem hatte ich starke Schmerzen im Rücken und Angst vor der Zukunft. Dazu kam die Sorge, die erwartete Leistung plötzlich nicht mehr bringen zu können und womöglich die ganze Produktion zu gefährden. Ich konnte nicht mehr schlafen. Bereits auf der Kostümprobe, eine Woche vor Drehbeginn, brach ich in Tränen aus.

Fünf Wochen Dreharbeiten lagen vor mir, auf die ich mich eigentlich freute, die aber alles an Kraft und Einsatz von mir verlangten, die ich zur Verfügung hatte. Ich war unsicher, wie ich das schaffen sollte. Dazu kam, dass durch die Covid-19-Pandemie noch überall Maskenpflicht herrschte und ich gefühlt tausend Coronatests über mich ergehen lassen musste. Ich stand insofern zusätzlich unter Stress, weil wir auf Wunsch der Produktion nichts riskieren sollten und wegen der Ansteckungsgefahr an den Wochenenden nicht nach Hause fahren durften.

Ich saß also in meinem Hotelzimmer neben dem Kölner Hauptbahnhof, durfte nicht weg und war überzeugt, demnächst drehe ich durch. Meine Gedanken waren bei meiner

Familie und die frische Trennung von meinem Mann machte mir enorm zu schaffen. Wie lerne ich das Alleinsein nach dreißig Jahren Partnerschaft? Wie schaffe ich es, die Kinder loszulassen nach vierundzwanzig Jahren Spaghettikochen? Wie fülle ich mein Leben neu und anders? Das waren nur einige der Fragen, um die sich alles drehte.

Nach einem anstrengenden Vierzehn-Stunden-Drehtag mit langen Dialogszenen und unzähligen Schritten treppauf, treppab durch das riesige Gebäude – wir drehten im Kölner Gericht – klappte ich dann zusammen. Mein Herz raste, ich legte mich auf einen Tisch und versuchte verzweifelt, meine Panik durch Atmen unter Kontrolle zu bringen. Mein Gott, war mir das peinlich. Die Produktion riet mir dringend, mich gründlich durchchecken zu lassen, also landete ich in der Notaufnahme. Meine wunderbare Maskenbildnerin Dominique hielt mir während des EKGs die Hand, weil ich eine uralte Angst vor Ärzten habe, aber wie nicht anders zu erwarten war, war alles okay. Die diensthabende Ärztin sagte nur: „Kann es sein, dass Sie zu viel Stress haben, Frau Szyszkowitz? Gehen Sie mal nach Hause und legen Ihre Beine hoch. Alles Gute!" Und draußen war ich. Unsere liebe Producerin Anemone holte mich ab, brachte mich ins Hotel und kochte mir Tee. Alles beruhigte sich erst mal, aber kaum war sie weg, bekam ich wieder Herzklopfen. Ich rief meine beste Freundin an: nicht erreichbar. Meine Schwestern: keine Zeit. Meine Söhne: Handy aus. In meiner Not versuchte ich dann – trotz allem – meinen Mann zu erreichen. Er kennt mich einfach am besten und ich wusste, dass die Chancen hochstehen, dass er mich beruhigt. Und so war es dann auch. Marcus hat mich in diesem Moment gerettet.

Ich drehte weiter, war nach vier Wochen aber komplett am Ende meiner Kräfte. Am vorletzten Drehtag hatte ich dann, sicher deswegen, noch einen Unfall mit dem E-Scooter. Ich fuhr am Rhein einen glitschigen Lehmweg entlang und hinter mir saß mein Kollege, wir wollten zur Mittagspause. Der Scooter rutschte weg, der Kollege sprang ab und das Gefährt knallte mir auf das Knie. Ich versuchte, den Schmerz erst mal zu ignorieren. Sicher, ich hatte ein schnalzendes Geräusch gehört und es wurde mir auch augenblicklich schwarz vor Augen – aber wenn dich ein ganzes Team erschrocken anschaut und du weißt: Wenn du jetzt ausfällst, kann der Film nicht zu Ende gedreht werden, dann machst du erst mal gute Miene zum bösen Spiel. Ich humpelte also zitternd in mein Wohnmobil, meinen Rückzugsort, schloss die Tür und brach in Tränen aus. Ich rief wieder meinen Mann an, er beruhigte mich und riet mir, den Fuß zu kühlen. Wenn es nicht anschwelle, bräuchte ich auch nicht ins Krankenhaus, sagte er. Ich biss also die Zähne zusammen und ignorierte die Schmerzen, so gut es eben ging. So schaffte ich das Ende der Dreharbeiten, gottlob waren es nur mehr zwei Tage. Jetzt wurden allerdings zugleich die Rückenschmerzen unerträglich. Offenbar psychosomatisch getriggert, wie ich mittlerweile weiß, hatten sie sich so massiv ausgebreitet, dass ich meinen Alltag mit den Schmerzen kaum mehr bewältigen konnte. Meine Mutter, eine Psychotherapeutin, meinte dazu am Telefon: „Mich wundert das nicht, Aglaia. Gar nicht. Du hast seit drei Jahren keinen einzigen Tag Urlaub gemacht!" Sie hatte recht. Ich war getrieben von der Sorge, vom bunten Karussell des Filmemachens runterzufallen. Klar, wenn man gute Angebote hat und gerne arbeitet, übersieht man schon mal, dass der Körper eine Pause braucht. So geht es nicht nur mir.

Schleichend machte sich Angst in mir breit. Erst vor kurzem war ich aus Wien zurückgekommen, wo ich meine Wohnung aufgelöst hatte und schmachvoll die Möbel von dort in unseren Keller in München räumen musste. Wie öfter nach dem Ende von Dreharbeiten fiel ich erst mal in ein tiefes Loch. Meine Nerven lagen blank. Ich war angeschlagen. Und ich hatte Angst vor der Veränderung.

****

Weihnachten 2021 stand vor der Tür. Das erste Weihnachten als „getrenntes Paar", was für eine Aufgabe. Alles anders. Bisher hatte ich die Tage rund um Weihnachten traditionell im Kreis unserer Familie verbracht. Ganz selbstverständlich, in unterschiedlichster Besetzung und meist sehr vergnügt. In diesem Jahr sollte es zum ersten Mal anders sein. Einerseits wegen der Trennung von meinem Mann, andererseits aufgrund meiner Rückenschmerzen. Ich hatte am 22. Dezember in größter Verzweiflung einen Arzt aufgesucht, dessen Therapie Schmerzinfusionen waren. Hochdosiert. Er versprach mir, dass die Infusionen, gepaart mit Übungen an den Geräten dort, Linderung verschaffen würden. Anstatt im Tiroler Waidring, im wunderschönen, über hundert Jahre alten Haus unserer Familie zu feiern, mit meinen Lieben abends zusammenzusitzen und zu spielen, lag ich in München auf unserem türkisfarbenen Sofa und war gezwungen innezuhalten. Draußen tobten die wilden Geister der Raunächte und ich fragte mich, mit welchen Tricks ich diese Zeit des Stillstands für mich nutzen und den Dämonen eins auswischen könnte. Ich wäre einfach (geht es nicht den meisten Menschen so?) viel lieber abgelenkt und unterhalten worden, als dass ich mich mit mir auseinandersetzte. Mein Cousin Stefan aus Wien schrieb mir: „Days are so wonderful slow." Und ja! Ich wünschte mir, dass ich das auch voller Dankbarkeit formulieren könnte. Aber das war scheinbar die Übung. Zu akzeptieren, dass wir nicht alles selbst bestimmen können. „Glücklich ist, wer vergisst, was nicht mehr zu ändern ist", dichtete doch Ferdinand Raimund im „Bauer als Millionär". Dieser Satz hat mich immer schon beschäftigt. Nur schwer konnte ich akzeptieren, dass es manchmal Dinge gab, die ums Verrecken nicht zu ändern waren. So wie eben mein Zustand im Dezember 2021.

„Runterkommen" sollte ich – das rieten mir Freunde und Freundinnen. Runterkommen vom Gipfel der Anspannung, des Funktionierens, des Kümmerns. Aber ich wollte gar nicht runterkommen, sondern ich wollte mich kümmern! Gerade zu Weihnachten. Ich wollte dafür sorgen, dass sich alle wohlfühlten und berücksichtigt wurden. Ich wollte eine Aufgabe haben. Runterkommen machte mir Angst. Dadurch, dass meine Schwestern und ich nicht in unserer Heimatstadt Graz leben, verbringen wir seit einigen Jahren Weihnachten abwechselnd mit unseren Eltern. Im Jahr davor. 2020, hatten meine Eltern, unsere zwei Söhne, mein Mann und ich Weihnachten in Tirol gefeiert, im über hundert Jahre alten Haus meiner Urgroßeltern.

An dieses Fest erinnere ich mich noch sehr gut. Unser jüngerer Sohn Samuel hatte mich am Vormittag des Heiligen Abends mit der Ankündigung, er wolle für die Familie backen, angenehm überrascht. Ich war fast schon gerührt von seinem Einsatz. Es stellte sich aber heraus, dass er ein sehr spezielles

Dessert fabriziert hatte ... Von wem die Schnapsidee dazu kam, erzählen mir die Jungs bis heute nicht. Aber die beiden – und dazu mein Mann – standen grinsend in der Küche, als ich, alarmiert vom einschlägigen Duft, der durch das Haus drang, entsetzt die Tür zur Küche aufriss. Hatten die drei doch glatt Haschischkekse gebacken! Nach langer Diskussion einigten wir uns darauf, dass jede Person, die wollte, einen Keks vorsichtig probieren durfte. Nach eigenem Ermessen. So weit, so gut. Abendessen und Bescherung gingen erst mal ohne Zwischenfälle über die Bühne. Dann kam das Dessert und somit die Kekse. Meine Mutter vertrug die süße Köstlichkeit am besten, gut gelaunt ging sie in die Mitternachtsmette und kam noch besser gelaunt zurück. Unsere Söhne wurden von ihr aufgefordert, doch noch ein bisschen zu tanzen, was sie auch taten. Bis morgens um zwei. Mein Mann und ich reagierten sehr unterschiedlich, ihm wurde übel und er zog sich zurück, ich wurde plötzlich sehr sentimental und fing meinen Sohn im Treppenhaus ab, um ihm etwas schrecklich Trauriges zu erzählen. Einzig mein Vater, der in weiser Voraussicht nicht von der berauschenden Nachspeise gekostet hatte, war am nächsten Morgen ausgeschlafen und vergnügt.

Gut. In unserer Familie wurden die Kekse erst mal nicht mehr gebacken, aber zumindest meine Mutter hat dieses Weihnachten in bester Erinnerung. Und aus heutiger Sicht würde ich sagen: Lieber die Weihnachtsfeiertage mit Cannabis-Kater und Familie auf der Piste als allein mit Wärmflasche und Rückenschmerz auf dem Sofa.

Zurück ins Jahr 2021: Anders als das Jahr zuvor mit meinem Mann verbrachte ich Silvester 2021 im Haus meiner besten Freundin Verena. Klar, getrennt, wie mein Mann und ich waren, musste ich mir ein eigenes Silvester suchen. Wir kochten nach Ottolenghis israelisch-britischer Küche und Verena war der Meinung, dass es mir guttue, trotz meiner Rückenschmerzen bis Mitternacht aufzubleiben und mit allen Gästen anzustoßen. „Du musst das Jahr positiv beginnen, Aglaia!" Meine Freundin hatte dabei – wie so oft in dieser Zeit – ein fürsorgliches Auge auf mich und ich heulte mich um Mitternacht hemmungslos durch die Arme ihrer Familie und unserer Freunde. Dann wurde getanzt. Um ein Uhr morgens fand ich mich also zwischen ihren Schwestern und Nichten auf der Tanzfläche wieder und versuchte, die Schrittfolge des Songs „Jerusalema" von Master KG zu begreifen, der zu der Zeit gerade viral ging. Kortison sei Dank, ich bekam jeden zweiten Tag Infusionen, hielt ich bis drei Uhr morgens durch und war, als mir meine Freundin noch eine Wärmeflasche ans Bett brachte und eine Gute Nacht wünschte, schon um Längen besser drauf als noch im Jahr davor.

****

Das Gefühl hielt leider nicht besonders lange an. Im darauffolgenden Februar 2022 war ich gezwungen, meine Dreharbeiten in Berlin abzubrechen. Es war schrecklich, zum ersten Mal in meiner doch bald dreißigjährigen Karriere eine Rolle zurückgeben zu müssen. Aber ich hatte mittlerweile so abartig starke Schmerzen, dass ich mich bei jeder Bodenwelle an den Griff des VW-Busses klammerte, mit dem ich in Berlin abgeholt wurde, um ans Set zu fahren, und die Zugfahrt nach Berlin hatte ich nur liegend – vor den Toiletten am Boden – geschafft.

Ich war mit diesem Bandscheibenproblem zu der Zeit ja in den Händen jenes Arztes in München, der davon überzeugt war, mich mit hochdosierten Kortison-Infusionen von meinen Schmerzen befreien zu können. Das funktionierte anfangs auch, nach ein paar Wochen musste die Infusionsdichte jedoch immer stärker erhöht werden und ein paar Tage nach Abbruch meiner Dreharbeiten hatte ich trotzdem so starke Schmerzen, dass ich beschloss, mich selbst in ein Grazer Krankenhaus einzuweisen. Weg aus München, zurück in die alte Heimat. In Graz angekommen, wo ich in der Schmerzambulanz eines großen Krankenhauses aufgenommen wurde, konnte ich mich endlich fallenlassen und wollte nach einer Woche eigentlich nicht mehr raus. Mein Gott, wenn ich damals geahnt hätte, was für ein langer Weg noch vor mir lag ...

Den 23. Februar 2022 werde ich nie vergessen. Ich lag mit immer noch starken Schmerzen in meinem Zimmer im ersten Stock des Elisabethinen-Krankenhauses. Ein Stockwerk über mir wurde mein Vater mit einer Covid-Infektion eingeliefert und am Tag darauf hatte Wladimir Putin der Ukraine den Krieg erklärt. Mir ging es so schlecht, dass ich den Fernseher nicht einschalten konnte, weil ich die angsteinflößenden Nachrichten nicht ertrug. Am nächsten Tag quälte ich mich in einen Ganzkörperschutzanzug, um meinen Vater zu besuchen, den ich unbedingt aufbauen und ablenken wollte. Gut, dass damals die Zeit des völligen Kontaktverbotes schon vorbei war. Die vielen Menschen, die an oder mit Covid gestorben sind, ohne sich von ihren Angehörigen verabschieden zu können, berühren mich noch heute.

Ich wurde in diesem Grazer Krankenhaus ausnehmend gut betreut. Die Oberärztin kam in ihrer Mittagspause in mein Zimmer und machte mit mir Atem- und Konzentrationsübungen, und der Chefarzt setzte sich an mein Bett und half mir, meine Gedanken zu ordnen. Ich hätte noch ein paar Tage in dem sonnendurchfluteten Zimmer bleiben wollen, doch das war nicht möglich. Einmal, weil es mir erst mal etwas besser ging, und zum anderen, weil das Zimmer gebraucht wurde. Liebenswerterweise holte mich mein Mann zurück nach München. Er kam, um mich in meinem Auto heimzufahren. Dummerweise konnte ich damals nämlich nicht allein Zug und auch nicht gut allein Auto fahren.

In dieser Zeit begann er, sich wieder ein bisschen um mich zu kümmern. Er sah meine Verzweiflung und das berührte ihn. Wir näherten uns behutsam an. Ich tat ihm leid und er fühlte trotz allem wohl noch eine Verbundenheit mit mir. Klar, es sind über dreißig Jahre, die wir uns kennen. Zu unserem 25. Hochzeitstag vor wenigen Monaten im November hatte er mir rote Rosen geschenkt und auf die Karte geschrieben: „Trotz allem. Das muss uns erst mal einer nachmachen."

So gut ich im Krankenhaus wegen der wunderbaren Betreuung noch lächeln konnte, so schwer fiel es mir in der Zeit danach zu Hause. Einerseits hatte ich mit Ängsten zu kämpfen, andererseits musste ich einen Platz finden, wo ich Rücken und Psyche beruhigen und stabilisieren konnte, was sich als schwierig entpuppte. Zu einer „guten psychosomatischen Klinik" wurde mir geraten. Aber welche war „gut"? Und hatte einen Platz frei? Und war nicht so weit von zu Hause, sodass ich besucht werden konnte? Schlussendlich traf ich eine Wahl und meldete mich an.

In den Wochen bis dahin verbrachte ich viel Zeit bei meiner besten Freundin Verena, die – Fügung des Schicksals – mit einem Psychiater verheiratet und selbst alternativ praktizierende Allgemeinmedizinerin ist. Sie quartierte mich in der Wohnung ihrer verstorbenen Mutter ein und versuchte, mich durch diese schwierigen Wochen zu balancieren. Die Wohnung ihrer Mutter hatte ein eigenes Flair, es roch ein bisschen so wie damals bei meiner Großmutter. Viele alte Möbel und Teppiche. Aber sie hatte einen Traumblick auf einen kleinen See und dahinter auf die Berge. Meine Freundin las mir manchmal abends vor und schlief hin und wieder auch bei mir oben. Ich kam mir ein bisschen wie ein Kurgast vor, der Vollpension und Therapieeinheiten gebucht hatte und der die Therapeuten durch den Status des Privatpatienten auch nachts kontaktieren durfte. Herrlich! Meine Freundin unterstützte mich auch dabei, meine E-Mails und Anrufe souverän zu erledigen. Ich war damals mit den einfachsten Aufgaben überfordert und hätte es ohne ihre Hilfe nicht geschafft – auch das hätte ich mir nie träumen lassen, dass ich meine E-Mails einmal nicht mehr würde beantworten können. Diese Zeit war ein Tiefpunkt.

Der Druck, einerseits eine Produktion unterbrochen zu haben und deswegen mit der Versicherung, der Produktionsfirma, der Krankenkasse und so weiter zu tun zu haben, andererseits zwei Filme meiner Reihe „Zimmer mit Stall" vorzubereiten, war enorm. Vor allem die Entscheidung, ob und wann ich der Produktionsfirma sagen sollte, dass es mir gerade nicht so gut ging. Ich war hin- und hergerissen und bombardierte meine arme Freundin gefühlt fünfzig Mal täglich mit der Frage: „Was soll ich nur tun?" Wenige Wochen vor Drehbeginn, im Mai 2022, musste ich dann wohl oder übel mit der Wahrheit herausrücken und Tacheles reden. Also absagen. Schrecklich. Die Produzenten waren verständlicherweise schockiert, versuchten aber bald darauf, mir zu helfen, um zumindest ein paar Tage zu retten, aber es war nichts zu machen. Ich wurde umbesetzt. Es beutelt mich heute noch, wenn ich an diese Tage im Mai 2022 zurückdenke. Auf Anraten des Produzenten konsultierte ich einen weiteren Orthopäden – den gefühlt zwanzigsten. Ich telefonierte mit dem Redaktionsleiter des Senders und wollte ihn nicht merken lassen, wie hundsmiserabel es mir ging. Und als es dann raus war, dass ich umbesetzt wurde und damit erst mal auf der Straße stand, statt vierzig Drehtagen also keinen einzigen hatte, da ging's mir dann auch dreckig. Anders dreckig als davor. Zum einen hatte ich diesen Bandscheibenvorfall und diese unerträglichen Schmerzen – zum anderen keinen Job mehr. Es war sicher auch eine Last abgefallen, aber freuen konnte ich mich nicht. Die schnelle Umbesetzung tat weh, natürlich, auch wenn sie absolut nachvollziehbar war. Es war zu spät, um zu verschieben oder das Drehbuch umzuschreiben.

Meine Freundin und mein Mann hatten alle Hände voll zu tun, mich in dieser Zeit aufzufangen. Ich hatte das Glück, mithilfe einer anderen Freundin, Sandra, in München eine sehr fähige Osteopathin zu finden, endlich, nachdem ich davor bei diversen Chiropraktikern und Physiotherapeuten gescheitert war. Die vollbrachte das Wunder, mir einerseits Übungen zu zeigen, die auch wirklich halfen, und mich andererseits so zu behandeln, dass der Schmerz endlich etwas zurückging. Immerhin: Neun Monate nach dem ersten Schmerzanfall hatte ich Hilfe gefunden. Mein Mann war wunderbar in diesen Wochen. Umso schlimmer, dass er Ende Juni zu einer großen Motorradtour ans Nordkap aufbrach. Er brauchte eine Pause. Ich hielt seine Abreise nur schwer aus und flüchtete wiederum zu meinen Freunden. Mir war klar: Ich muss fit werden für meinen Kinofilm im Herbst. Wobei ich noch nicht ahnen konnte, dass auch dieser Film schlussendlich ohne mich stattfinden würde.

Tiefe Wurzeln, breite Flügel

Wie erstaunlich, dass jetzt, in den Wechseljahren und im Lebensumbruch, Gefühle aufkommen, die scheinbar jahrzehntelang geruht hatten. Die mich an das Heimweh aus Kindheitszeiten und die Sehnsucht nach der Geborgenheit im Schoß der Familie erinnern. Ich fühlte mich während der Krise ähnlich entwurzelt wie damals mitten in der Pubertät mit vierzehn Jahren. Unsere beiden Söhne sind ausgezogen, die Erdung der Familie fehlt. Ähnlich entwurzelt und allein.

Woher kommen all diese Gefühle? Als ich im Januar 1968 geboren wurde, war die Freude groß und ich landete in einem liebevollen Elternhaus. Ich war zwar ursprünglich nicht geplant gewesen und stellte meine Eltern vor große Herausforderungen, aber sie freuten sich und heirateten noch schnell, bevor ich das Licht der Welt erblickte. Meine Mutter studierte noch, als ich geboren wurde, sie war vierundzwanzig, und mein Vater und sie waren zu diesem Zeitpunkt schon seit zwei Jahren zusammen. Leider wurde ich ein halbes Jahr später krank und verlor nach dem Stillen, als meine Mutter mit dem Zufüttern von Brei begann, an Gewicht. Ich behielt den Brei nicht bei mir und wurde immer dünner, was meine Eltern verständlicherweise beunruhigte. Schließlich kam ich für lange sechs Wochen ins Krankenhaus, weil niemand wusste, was mir fehlte, und meine jungen Eltern zu Hause damit überfordert waren. Erst im Spital, nach unzähligen Untersuchungen, wurde meine Glutenunverträglichkeit entdeckt, über die man damals noch kaum etwas wusste. Und ich begann gottlob, langsam wieder zuzunehmen. Aus jener Zeit gibt es ein Foto, auf dem dieses zarte, kleine Mädchen abgebildet ist. Wenn ich das heute ansehe, bekomme ich großes Mitleid mit diesem kleinen Wesen. Ich war ohne Mutter im

Krankenhaus, weil es damals noch kein „Rooming-in" gab. Die Krankenschwestern meinten wohl, als ich weinte, nachdem meine Mutter gegangen war, besser, die Mutter kommt erst mal nicht mehr so häufig, dann weint sie nicht so viel, die kleine Aglaia! Und meine Mutter fügte sich. Diese Zeit, in der ich so lange von meiner Mutter getrennt war, hat Spuren hinterlassen. Ich weiß nicht, was da genau mit mir passiert ist, aber irgendetwas in mir hat damals Schaden genommen. Vielleicht würde es die Fachwelt ein frühkindliches Trauma nennen. Wenn ich nachlese, erkenne ich mich jedenfalls wieder und es fühlt sich so an. Heute weiß man aus Studien, welche schlimmen Folgen Stress in der frühen Kindheit für das weitere Leben eines Menschen haben kann. Die Verlassenheitsangst, die mich mein ganzes Leben begleitet, hängt sehr wahrscheinlich damit zusammen.

Ich hatte also einen eher schwierigen Start ins Leben, erholte mich in weiterer Folge aber sehr gut und wir zogen 1970, nachdem wir ein Jahr in Oxford gelebt hatten, nach Hannover. Mein Vater ist damals, 1970, an die neu gegründete medizinische Hochschule Hannover gegangen. Ich erinnere mich lebhaft an diese Zeit: In unserem Hochhaus wohnten viele Freundinnen und Freunde, und dort war auch der Kindergarten untergebracht. Mit der Tochter unserer Nachbarn, Karoline, bin ich bis heute verbunden.

Mit unserer hellen und geräumigen Wohnung in der Meitnerstraße ist eine prägnante Erinnerung verknüpft: Ich war damals stolze Besitzerin zweier Zebrafinken. Als ich eines Tages den Käfig reinigte, entkamen sie, flogen in der Wohnung herum und entwischten – daran erinnere ich mich noch genau – zur offenen Balkontür hinaus. Ich war verzweifelt und hängte überall Zettel auf, in der Hoffnung, dass sie jemandem zufliegen würden. Vergeblich, sie blieben verschwunden. Mich hat dieser Verlust lange Zeit beschäftigt und heute weiß ich, warum. Dieses „plötzlich getrennt werden" war schlimm für mich. Und das „Unwiderrufliche, Unwiderbringbare". Auch heute fällt mir das Abschiednehmen manchmal schwer. Ich hasse zum Beispiel lautlose Abgänge von lieben Menschen. Ich hasse Abgänge per se, aber wenn, dann gestalte ich das gern bewusst. Beim Abschied von meiner besten Freundin sage ich zum Beispiel immer „bis später", „wir sehen uns" und nicht „Tschüss". Das beinhaltet die Möglichkeit, sich bald wieder zu sehen. Das beruhigt mich.

Meine Eltern hatten kurz vor Schulbeginn die verwegene Idee, mich aus dem Privatkindergarten zu nehmen und in den öffentlichen Kindergarten zu schicken, um das Eingewöhnen für die Schule zu „üben". Leider erwies sich diese Idee als suboptimal und nach drei langen Tagen, an denen ich nur heulend auf der Schaukel saß, kam ich zurück in den privaten, vertrauten Kindergarten in unserem Hochhaus.

Der war Heimat. Und das brauchte ich. Als ich sechs Jahre alt war und in die Schule kam, zogen wir in ein Einfamilienhaus, wo ich im Garten Hasen halten durfte. Und im Nachbarsgarten gab es Schildkröten. Ich war überglücklich: eine große Familie und so viele Haustiere!

Mit diesem Haus am Sperberweg verbinde ich allerdings auch eine sehr unangenehme Erinnerung: den Kaffeeunfall. Ich weiß noch, dass wir Besuch von meinem Onkel Helmuth hatten, dem leider viel zu früh verstorbenen Bruder meiner Mutter. Ich wurde in die Küche zum Kaffeeholen geschickt und auf dem Rückweg rannte ich frontal gegen eine meiner Schwestern, die mir entgegenkam. Der heiße Kaffee ergoss sich auf meinen Bauch und ich habe aufgeschrien. Es hat so verdammt weh getan. Die Verletzung entpuppte sich als Verbrennung zweiten Grades und ich durfte erst mal der Schule fernbleiben. Aber ich bekam Besuch von meinen Freundinnen und ich weiß noch, dass eine davon beim Anblick meiner Krusten am Bauch in die Ecke meines Zimmers „speiberlte" – wie wir Österreicher:innen in manchen Regionen das Erbrechen nennen. Wenn man ganz genau hinschaut, sieht man noch heute die Narben von damals. Und schon bald nach der Einschulung folgte der nächste Abschied: Es ging zurück nach Graz, in die ehemalige Wohnung meiner Großeltern, mitten im Schuljahr des Winters 1975.

Meine Eltern hatten sich nach längerer Überlegung dazu entschieden, ihre Kinder doch in Österreich und nicht in Deutschland aufwachsen zu lassen, und mein Vater begann in Graz als Departementleiter für Unfallchirurgie am LKH zu arbeiten. Ich kam in die zweite Klasse und wurde erst mal wegen meines hochdeutschen Zungenschlags verspottet. Meine alten Freundinnen hatte ich in Hannover zurückgelassen und in Graz musste ich erst mal ganz schön um neue Freundschaften kämpfen. In diese Lücke fällt die Erinnerung an das Spiel mit unserem Vater, der eine blühende Fantasie hatte und sich die tollsten Geschichten ausdenken konnte. Wir spielten „Stadt", bauten mit kleinen Holzbauklötzen Häuser oder Burgen. Wir fuhren dann mit Plastikpferdekutschen zwischen den Häusern hin und her und tauschten immer irgendetwas. Mein Vater bespielte das „Krankenhaus", wo die Männchen mit fehlenden Gliedmaßen eingeliefert wurden, und klebte hochkonzentriert und mit Begeisterung kleine Plastikbeinchen an unsere „Maxerl". Wunderbare Sonntage.

Meine Volksschulzeit habe ich auch in schöner Erinnerung. Wir hatten eine fantastische Lehrerin, die Frau Jandl. Eine pädagogisch brillante, warmherzige Lehrerin, die auch einen wunderbaren Humor hatte und uns mit kleinen Lutschlippenstiften für besonderen Fleiß belohnte. Die Nachbarschaft mit der Familie Krebs, der wunderbaren Monika in der Naglergasse, unsere Schaukel zwischen den Kinderzimmern, die Nachmittage im Garten. All das war lustig, warm und geborgen – soweit ich mich erinnern kann.

Ich weiß auch noch sehr gut den Moment, als meine Eltern beide abends in mein Zimmer kamen und „Wir müssen dir was erzählen" sagten. „Wir haben eine Überraschung für dich", fuhren sie fort und als ich „Kommt das Christkind früher?" riet, sagten sie „so ähnlich". Ich fragte mich verwundert, was es denn dem Christkind Ähnliches geben konnte, als die beiden weiterredeten und lächelnd „Du bekommst ein Geschwisterchen!!" sagten. Wenn ich damals schon geahnt hätte, wie wunderbar diese Nachricht für mein späteres Leben sein würde und was für ein toller Mensch damals als kleines Etwas im Bauch meiner Mutter heranwuchs!

1980 war ich zwölf Jahre alt, wir zogen in die Wohnung meiner Großeltern väterlicherseits am Lendkai, weil wir aus unserer Wohnung in der Naglergasse 14 relativ unsanft hinauskatapultiert worden waren und unser neues Haus noch nicht fertig war. Von meinem winzig kleinen Zimmer am Lendkai 29 aus – Bett und Schreibtisch fanden mehr schlecht als recht Platz – genoss ich eine magische Aussicht auf die wunderbaren mittelalterlichen Dächer der Grazer Altstadt und die Mariahilfer Kirche, in der meine Eltern geheiratet hatten und ich getauft worden war. Ich liebte den beruhigenden Blick auf die Kirche, die abends beleuchtet wurde, und erinnere mich an viele Stunden Mathematiklernen in diesem winzigen Kammerl. Auch den Weg in die Schule liebte ich. Pünktlich um zehn nach sieben klingelte meine Cousine Eva bei mir und gemeinsam machten wir uns auf den Weg, der uns über die Hauptbrücke durch die Franziskanerkirche hin zum Akademischen Gymnasium führte. Mit viel Glück hatte ich um zehn nach sieben meine Zöpfe fertig geflochten, was ich hasste, wozu mich aber meine Mutter verdonnert hatte, weil sie nicht einsah, dass man das mit zwölf noch von der Mutter gemacht bekam. Meine eingeflochtenen Zöpfe waren allerdings krumm und schief, das ärgerte mich, sodass ich immer wieder von vorne anfangen musste. Eva wartete oft lang – aber immer geduldig. Und dann mussten wir uns wahnsinnig beeilen.

Unser Weg führte uns jeden Morgen durch die Franziskanerkirche und wir beteten dort. Meist betete ich so was wie: „Bitte, lieber Gott, lass mich heute nicht bei der Latein-Wiederholung drankommen"… und ich vermute, Evas Gebete waren ähnlich. Oder hat sie damals schon das geschafft, was mir bis heute nicht gelingt, nämlich sich wirklich gehört zu fühlen beim Beten?

Wie auch immer. Als wir dann – durch den Hof des Land-
hauses durch und in die Stempfergasse rein – unser Akade-
misches Gymnasium erreicht hatten, kam fast immer ich und
nicht Eva bei der verhassten Latein-Wiederholung dran. Ich
fragte unsere Professorin, Frau Professor Weiler, auch einmal, warum es denn immer, wenn sie die „Szyszkowitz"-
Seite in ihrem berühmten kleinen Kalender aufschlug, mich
und nicht die Eva traf ... worauf sie: „Weil du frecher bist und
mehr gefordert werden musst!" antwortete.

So streng sie war, so gut habe ich sie aber in Erinnerung, weil
sie einfach eine Persönlichkeit war, zu der man aufschaute
und vor der man Respekt hatte. Und von solchen Persönlichkeiten, wie es auch Professor Kloss in Englisch war und Frau
Professor Schabiner in Mathemantik, profitiert man ein ganzes Leben.

1978 hatte meine geliebte dritte Schwester Gwendolin unsere
Familie komplett gemacht. Ich ging in der Rolle der großen
Schwester auf und war richtig verliebt in sie. Oft hielt ich
ihre Hand beim Einschlafen, fütterte und wickelte sie. Das
ist wohl auch der Grund für die tiefe Verbundenheit, die uns
unser Leben lang begleitet.

Ich hatte 1976 begonnen, im Opernballett zu tanzen, lernte Geige spielen und ging turnen zur Union Graz, wo ich es
1979 immerhin zum dritten Platz bei den steirischen Geräte-
meisterschaften brachte. Ich war ein Mädchen, das sehr aktiv
war und das viele Freund:innen hatte. Ich ging auch nicht
ungern in die Schule, entdeckte allerdings mit fünfzehn die
Schauspielerei und verbrachte bald schon fast jeden Abend

im Grazer Schauspielhaus. Diese Welt faszinierte mich von Anfang an und zwar so nachhaltig und ausschließlich, dass ich das später beruflich machte.

1986, als ich Matura machte, stand ich jedenfalls vor der Entscheidung: Schauspiel oder Medizin. Und da mir einige – allen voran mein Wiener Onkel – anfangs von der Schauspielerei abrieten, studierte ich ganz brav erst mal Medizin. Ich mochte das Studium und mochte die Vorklinik und die Vorlesungen, aber als eine Hepatitis mich im Frühling des ersten Studienjahres ins Bett zwang, hatte ich Zeit, nachzudenken. In diese Zeit fallen die Begegnungen mit Herwig Thelen und Marcus Haider, Rupert Lehofer und Gabi Hiti, mit denen ich eine Theatergruppe bildete und den „Grünen Kakadu" zur Aufführung brachte. Das Spielen und Singen machten mir großen Spaß und so begann ich dann doch zu überlegen, dass ich es mit der Schauspielerei zumindest einmal probieren wollte. Meine Mutter erzählt auch, dass ich damals sagte, dass ich mir nicht vorstellen konnte, mein Leben mit kranken Menschen zu verbringen. Ich betreute damals ein leukämiekrankes Mädchen, das nach ein paar Monaten starb, was mir sehr naheging.

Vielleicht war die Schauspielerei damals auch ein Ziel, das näher lag als das der Ärztin, weil ich großen Respekt vor der Dauer des Medizinstudiums und der Menge des Lernstoffes hatte. Wer weiß. Heute denke ich mir aber durchaus immer wieder einmal, wie mein Leben wohl ausgesehen hätte, wenn ich bei der Medizin geblieben wäre.

Als sechsköpfige Familie brauchten wir 1981 mehr Platz und zogen in unser neues Haus. Meine Cousine Tessa, die heute als Journalistin in London lebt, war mir damals ein großes Vorbild. In der Pubertät war sie mir irgendwie immer einen Schritt voraus. Sie rauchte, was ich nie tat, hatte einen Freund, den ich nie hatte, und fuhr Vespa. Von meinen Besuchen bei ihr in Maria Enzersdorf versuchte ich immer wieder, eine Portion Lässigkeit mit in mein kleines Graz zu nehmen. So, wie man sich nach dem Besuch eines Films oft ein Stück weit majestätischer oder schöner oder verführerischer fühlt, weil man sich mit der Heldin identifiziert hat.

Ich imitierte meine Cousine gerne, die sich ihrerseits in Wien schon wieder eine Stufe weiterentwickelt hatte. Ich glaube, weil sie sich in vielen Dingen einfach nichts scherte. Einmal war ich mit Tessa in der Badewanne und sie prüfte mich Lateinvokabeln ab. Als es ihr reichte, zog sie einfach an meinen Füßen, sodass ich mitsamt des Hefts untertauchte. Sie fand das wahnsinnig komisch, ich weniger, weil ich ratlos war, wie ich das meiner Professorin, Frau Prof. Weiler, erklären sollte.

Ich war damals eher klein und wurde, bis ich fünfzehn war, oft jünger geschätzt. Und ich war, was meine körperliche Entwicklung betraf, sehr viel unsicherer als meine Cousine. Als die Pubertät dann zuschlug und ich relativ schnell viel Busen bekam, wurde ich noch unsicherer. Die Entwicklung vom jungen Mädchen zur jungen erwachsenen Frau wurde dadurch stark beschleunigt, ich war Hänseleien durch Mitschüler ausgesetzt und fand das alles andere als lustig.

Meine Eltern, besonders mein Vater, hatten ein sehr strenges Auge auf mich (meiner Ansicht nach weit strenger als später auf meine Schwestern) und bei den legendären Partys bei

Thomas Huth in Nestelbach bei Graz wurde ich als Einzige um Punkt zwölf Uhr abgeholt. Ich erinnere mich noch gut, wie schrecklich unangenehm mir das war.

Ich hatte zu der Zeit auch zunehmend weniger Lust, mich mit der Geige zu quälen. Der schlimmste Tag der Woche war der Dienstag, da hatte ich Geigenstunde, das hieß, ich musste am Montag üben, um die Versäumnisse der letzten Tage aufzuholen.

Ich erinnere mich noch sehr genau an meine schlechte Laune an diesen beiden Tagen – und meine liebe Lehrerin trifft dabei sicher keine Schuld. Aber ich weiß noch, wie ich bei Frau Germek in der Bahnhofstraße im Wohnzimmer stand und immer auf die digitale Uhr an ihrem Fernseher schielte, um zu schauen, wann die Stunde endlich vorbei war. Meine arme Lehrerin! Ich erreichte auf diesem Instrument in Jugendzeiten leider auch nie den seligen Zustand des Miteinander-Spielens, bei dem das Musizieren erst schön wird. Zwar spielte ich im Orchester der Musikschule, war aber so schlecht, dass ich bei allen komplizierteren Stellen einfach nur „Luftbogen" spielte – ganz hinten bei den dritten Geigen. Ein Instrument spielen zu können ist ein großer Schatz und dass wir unsere Jungs dahingehend nicht noch mehr motivieren konnten, tut mir im Nachhinein leid. Sie haben beide Klavier gelernt und spielen gar nicht schlecht, aber dadurch, dass wir das Klavier in unsere letzte Wohnung nicht mitgenommen haben, konnte Samuel nicht mehr üben ...

Das Turnen bei der Union Graz hängte ich dann auch an den Nagel, ich glaube, weil ich Busen bekam. Oder war es einfach uncool geworden? Ich war aber fünf Jahre lang bis zu dreimal in der Woche hingegangen und hatte großen Spaß dabei gehabt. Ich weiß noch, dass ich das Turnen am Boden, besonders die Kür mit Musik, bei der man ja fast tanzte, besonders mochte und dass ich auch die Schwebekante gernhatte. Am schwersten habe ich mir beim Sprung getan und auch der Stufenbarren war mir nicht ganz geheuer. Aber ich hatte auch da eine Gruppe von Mädchen, mit denen ich mich sehr gut verstand, und es gibt wunderbare Fotos von unseren Vorführungen am Grazer Hauptplatz und von Wettkämpfen. Ich freue mich, dass meine Nichten so viel Freude am Turnen haben ... schade, dass ich ihnen nicht öfter live zuschauen kann.

In dieser Zeit der Pubertät entwickelte ich seltsame Zwänge. So wollte ich ein regelmäßiges, gestochen gerades Schriftbild haben. War ein Buchstabe schief geraten, riss ich die ganze Seite aus dem Heft. Das ging irgendwann so weit, dass ich in der Schule keine Arbeiten mehr schreiben konnte und die Prüfungen mündlich machen musste. Oder ich setzte mir in den Kopf, in schönen, wohlgeformten Linien oder Bögen zu gehen, und bekam einen Wutanfall, wenn das nicht gelang. Schließlich wurde meine Tante Gundl, eine NLP-Therapeutin und charismatische Frau, zu Hilfe gerufen. Sie arbeitete erfolgreich mittels „Reframing" mit mir – dabei wird man zurückgeführt zu einem Moment, in dem man das, wozu man jetzt nicht mehr in der Lage ist, noch konnte – und kurze Zeit später begann sich mein Leben wieder zu normalisieren. Heute ist mir klar, dass all das ein Ausdruck der hormonellen Veränderung war, durch die ich damals ging. Und durch die ich heute wieder tauchen muss, mit neuen, aber harmlosen Zwängen, ob ich will oder nicht.

Wenn ihr mich also irgendwo die Tischdecke zurechtziehen oder das Besteck geraderichten seht, dann wisst ihr, warum. Bitte seht gnädig darüber hinweg: Ein bisschen spinnen wir doch alle, oder?

****

Weil ich schon so lange in Deutschland lebe, werde ich immer wieder gerne als deutsch-österreichische Schauspielerin bezeichnet. Tatsächlich stammt die Familie meiner Großmutter mütterlicherseits aus Deutschland. Ihre Eltern kamen aus Augsburg und aus Passau, ihre Mutter, meine geliebte „Großmutti ", wuchs in Bayern auf. Diese Wurzeln meiner Großmutter, der ich sehr nahestand, haben vermutlich ein bisschen damit zu tun, dass ich mich heute in München so wohlfühle.

In der Familie meiner Mutter zählten zuvorderst Leistung und Disziplin. Die Großmutti, die gelernte Fürsorgerin war (darauf war sie sehr stolz, weil eine Berufsausbildung für Frauen damals alles andere als selbstverständlich war) und sich als ehrenamtliche Sozialarbeiterin betätigte, bekam fünf Kinder und war mir zeitlebens ein sehr wichtiger Mensch, weil sie mich schon früh aufforderte, ihr etwas vorzutanzen oder vorzuspielen. Sie war es auch, die mir Literatur mitbrachte und mir den Wert des Lesens nahelegte. Und die mich auf die Idee brachte, Schauspielerin zu werden! Ich verbrachte viele sehr schöne Nachmittage in der Körösistraße – zu einer Walzerplatte tanzend, bei „My Fair Lady" mitsingend, oder ein Gedicht aus dem dicken Balladenbuch, das sie mir geschenkt hatte, vortragend. Unser Großvater Hans, den ich noch sieben Jahre lange erleben durfte, war ein ernster, im Umgang mit mir liebevoller Mann, der mir in seinen letzten Lebensjahren in unserem Haus im Tiroler Waidring gerne Märchen vorlas und der mit seinen Händen quietschen konnte ... Mir waren meine Großeltern wunderbare Gefährten. Wenn ich bei ihnen zu Besuch war, ging mein Großvater auch gerne in den Stadtpark und später auf den Schlossberg mit mir. Er überprüfte bei jedem Ausflug in den Stadtpark, was das Barometer anzeigte. Ich erinnere mich auch noch gut an die alten Vogelfutterautomaten, aus denen wir regelmäßig Futter für die Vögel und Eichhörnchen – genannt „Hansi" – zogen, das wir dann verteilten. Da meine Mutter in diesen Jahren 1968/69 für ihren Doktor lernte, verbrachte ich viel Zeit bei meinen Großeltern.

Unseren Großvater väterlicherseits habe ich mit einem Glaserl Rotwein und einem Zigaretterl in der Hand in Erinnerung. Er verstand es, das Leben zu genießen. Vor dem großen Fenster im Wohnzimmer des schönen, alten Hauses am Lendkai war seine Modelleisenbahn aufgebaut und die durfte ich nach dem Essen starten und fahren. Ich sehe die Brücken und Signale und Berge und Kirchtürme noch vor mir und erinnere mich an das Glücksgefühl, das mich beim Spielen mit meinem Großvater durchströmte. Er arbeitete als Jurist bei einer großen Versicherung und später in der „Taggermühle", der Getreidemühle der Familie seiner Frau Thessa, meiner Großmutter. Lieber wäre er Schriftsteller geworden, erzählte man mir. Er schrieb zwei wenig beachtete Romane, aber dichtete gerne und gut zu festlichen Anlässen wie Taufen, Geburtstagen und Hochzeiten – davon gibt es unzählige Zeugnisse. Seinem Sohn, meinem Onkel Gerald, vererbte er sein Talent (das bei meinem Großvater vielleicht einfach zu wenig erkannt wurde), er veröffentlichte später einige Romane und Theaterstücke und lebte so vielleicht die Sehnsucht seines Vaters aus.

In der Familie meines Vaters wurde immer viel gelacht und der Zusammenhalt der Großfamilie war stark. Bei den Familientreffen hielt man Reden, sang, erzählte Witze und las aus der von Tante Christa zusammengestellten Familienzeitung vor – bitte, welche Familie hat schon ihr eigenes Blatt? Besonders gern mag ich einen Text meines lieben Großvaters, der „Heinrich der Löwe" heißt und den wir Kinder in verschiedenen Besetzungen bei diversen Familientreffen zum Besten geben durften. Im Juli steht wieder ein solches „Drei-Generationen-Fest" an, ich bin gespannt, ob wir das Stück dann wieder sehen.

Auch heute geht es mir eigentlich am besten, wenn ich inmitten von vielen lieben Menschen irgendwo sitze und rund um mich herum gefeiert und gelacht wird. Das hat seinen Ursprung vielleicht in den vielen Familientreffen und Festen meiner Kindheit. Die Bande innerhalb der Familie sind nach wie vor eng. Meines Vaters Lieblingscousin und jahrzehntelanger Bergkamerad besucht meinen Vater regelmäßig. Jahrelang waren sie gemeinsam in der Oper oder machten Ausflüge in die schöne Grazer Umgebung. Wo das Motto der sparsamen Männer beim Einkehren in ein Gasthaus stets lautete: „Man nehme die Speisekarte, wähle – und bestelle ein Würstl mit Saft!" An diese Worte muss ich oft denken, wenn ich irgendwo die Speisekarte in die Hand nehme. Und auch ich bestelle dann gern ein Würstl – ohne Saft allerdings.

Die Mutter meines Vaters habe ich als warmherzige und lustige Großmutter in Erinnerung, die gern sang, Schokolade naschte und spazieren ging. In späteren Jahren musste sie aus gesundheitlichen Gründen auf alle fetthaltigen Lebensmittel verzichten. Und so sehe ich sie noch vor ihrem Semmerl sitzen und guten, mageren Schinken zwischen die Hälften schichten. Sie spielte Klavier, und oft haben wir – ich an der Geige, sie am Klavier – miteinander musiziert und wunderschöne Nachmittage im Haus meiner Familie in Tirol gehabt, wo es einen eigenen „Musiksaal" gibt, in dem es in meiner Kindheit jeden Sommer eine Aufführung gab. Es wurde dort jeden Sommer viel musiziert, getanzt und Theater gespielt und ich würde viel darum geben, wenn es davon Aufzeichnungen gäbe.

****

So gern ich auch in München lebe, so bleibe ich im Herzen doch immer Österreicherin. Ich wurde, wie schon erwähnt, in Graz geboren, in der schönen Steiermark. Meine Eltern kommen aus dieser wunderbaren Stadt und sind nach den Jahren in Deutschland wieder dorthin zurückgekehrt. Im Gegensatz zu uns vier Töchtern, die es alle weggezogen hat.

Mein Vater wuchs in Graz auf. Von seinem spielzeugeisenbahnbegeisterten Vater kam wahrscheinlich die Muße, mit uns Mädchen sonntags stundenlang auf dem Boden herumzurutschen und fantasievoll zu spielen. Er erlebte die Bombenangriffe auf Graz am Arm seiner Mutter im Keller und hat uns in den letzten Jahren immer wieder davon erzählt. Was für ein schwerer Start ins Leben mussten diese

Jahre nach dem Zweiten Weltkrieg gewesen sein. Uns Töchtern berichtete er früher nicht viel von seiner Kindheit und Jugend. Aber, wenn wir zusammen im Café Promenade sitzen und Eis essen, frage ich ihn manchmal nach dieser Zeit. Dann erzählt er gerne. Etwa, dass er lange als Ministrant tätig war. Zu diesen frühen und anscheinend sehr prägenden Wurzeln ist er übrigens zurückgekehrt und wieder in die katholische Kirche eingetreten.

Meine Mutter kam 1944, drei Jahre nach ihrem Mann, in Kitzbühel auf die Welt. Ihre Familie war vor den Bombenangriffen auf Wien nach Waidring geflohen – in das über hundert Jahre alte Haus der Familie. Sie wurde als fünftes und letztes Kind geboren und war der Sonnenschein der Familie. Meine Tante Ilse pflegt zu sagen: „Die Kleinste is' die Gsündeste, weil sie am wenigsten mitbekommen hat." Und gesund ist sie, meine Mutter. Sie geht ihren Weg und ist uns Vorbild in vielem. Als ich mich durch die Krise quälte, meinte sie: „Umgehen mit dem, was ist, Aglaia. Das ist jetzt so. Da kommst du auch wieder raus." Sie überstand die anstrengenden Pandemiewinter mit einer bewundernswerten Gelassenheit, war jeden Tag spazieren, Rad fahren, wandern. Ließ sich auch von noch so beängstigenden Nachrichten nie ins Bockshorn jagen. Für meinen Vater war es weniger leicht. Aber auch er hat es überstanden und wenn er wegen der Corona-Regeln wieder einmal das Haus nicht verlassen durfte, sagte er mitunter schmunzelnd: „Du, Aglaia, weißt, ich beweg mich ja eh nicht so gern", und legte genüsslich die Füße hoch.

1975 hatte mein Vater die Stelle als Departementleiter an der Universitätsklinik für Chirurgie Graz angetreten. Wir waren

41

von Hannover zurück nach Graz in die ehemalige Wohnung meiner Großeltern mütterlicherseits in die Naglergasse gezogen. Ich spüre noch heute, wie mein Großvater, der dort seine Arztpraxis gehabt hatte, mir mit einem kleinen Hämmerchen auf die Kniescheibe klopfte, um mir meine Reflexe vorzuführen.

Mein Vater schaffte es, die unfallchirurgische Klinik – getrennt von der Chirurgie – aufzubauen, was mit harten Kämpfen verbunden war und ihn eine Menge Kraft kostete. Er war ein international anerkannter Pionier in der operativen Behandlung von Knochenbrüchen und hat – auch in der Steiermark – viele komplizierte Operationen verantwortet. Es passiert gar nicht so selten, dass wir, wenn wir mit ihm in der Stadt sind, jemanden treffen, der „Oh, der Herr Professor!" ausruft und sich lächelnd an ein Körperteil greift und „Es geht mir soo gut, schaun S', das Knie / die Hüfte / der Oberschenkel haben gehalten!" sagt.

Aber es gibt auch die andere Seite des Lebens. Er kann genießen, der Vater! Den schönen Blick – auch in der Grazer Innenstadt, wo ich gerne am Mehlplatz oder am Schlossberg mit ihm sitze. Unser Vater hat viel gearbeitet, das erklärt vielleicht sein Ruhebedürfnis im Alter. Er kann das Nichtstun jetzt genießen. Wie viele andere Dinge auch. Ich sitze gerne mit ihm in der schönen Grazer Innenstadt oder im Café Promenade. Süßes. „Zuckerl, Kaugummi und Schokolade", wie er das gerne nennt. Und Musik. Das Zusammensein mit uns allen. Seiner großen Familie. Ach ja. Genießen kann meine Mutter natürlich auch. Ihren Whiskey. Ihre Enkelkinder! Familie und Freunde. Die geliebte Tarockrunde. Die

Gemeinschaft in der Grazer Heilandskirche. Wandern und Skifahren. Und vieles mehr. Wenn ich meinen Vater anrufe oder besuche, freut er sich sehr und nimmt mit großem Interesse und warmherzig an allem teil, was ich ihm erzähle. Und zurzeit erzähle ich ihm viel. Wir unternehmen schöne Ausflüge, wenn ich in Graz bin, und besonders mag er es, wenn ich mein Akkordeon mitbringe und wir miteinander singen. Dann suchen wir uns eine Bank und legen los. Er kennt die Texte aller Volkslieder, die wir früher gemeinsam gesungen haben, und wird nicht müde, sie wieder und wieder zu singen. Er ist früher leidenschaftlich gerne gereist und hat uns Kindern hunderte Kirchen, Burgen und Museen gezeigt. An den Burgen Werfen und Strechau werde ich nie vorbeifahren können, ohne an seine strenge Frage: „Wie heißt diese Burg links, Aglaia?" zu denken. Er hat sich sein Leben lang für Geschichte und besondere Bauwerke interessiert und wir blättern regelmäßig seine vielen so wunderbaren Fotoalben durch. Er hat es damit geschafft, viele Erlebnisse und Begegnungen im reichen Leben meiner Eltern und unserer Familie festzuhalten – und dafür bin ich ihm sehr dankbar.

Ich habe vermutlich viel von meinem Vater geerbt, mehr, als mir lange Zeit klar war. Seine Sensibilität und seine Empathiefähigkeit. Seine Musikalität und seine tiefe Freude an allem Künstlerischen. Mein Vater ist außerdem ein sehr großzügiger und warmherziger Mann. Ich sehe es noch vor mir, wie er – wenn wir überraschend Besuch bekamen – den gesamten Inhalt des Kühlschranks vor dem Besuch auftürmte und freundlich sagte: Greift's bitte zu!

Meine Eltern hatten ein offenes Haus und immer gerne Besuch, seien es Freunde und Freundinnen von uns, Verwandte oder junge Ärzte aus verschiedenen Ländern mit ihren Familien – es war ein lebendiges und schönes Ein-und-aus-Gehen in der Zusertalgasse.

Während meine Mutter in Hannover kurz als Biologielehrerin gearbeitet hatte, begann sie zusammen mit meinem Vater in den ersten Jahren in Graz mit ihrer Ausbildung zur Sozial-und Lebensberaterin und arbeitet seit 1991 als Psychotherapeutin. Sie hat uns über ihre psychotherapeutische Tätigkeit sehr früh einen Zugang zu diesem Thema ermöglicht. Psychotherapeutische Hilfe bei seelischen Problemen zu suchen, sollte selbstverständlich sein und weniger tabuisiert werden – durch rechtzeitige Psychotherapie kann viel Schlimmes verhindert werden. Das Wissen um systemische Verstrickungen hat auch mir als Tochter geholfen, Dinge besser zu verstehen, und ich bin meiner Mutter dankbar, dass sie uns früh schon Einblick in ihr Berufsumfeld gestattet hat.

Sosehr sie ihre Arbeit liebte, so wenig war meine Mutter eine leidenschaftliche Hausfrau. Kochen machte ihr keinen Spaß, der gesamte Haushalt beglückte sie, was ich persönlich nachfühlen kann, nicht sonderlich. Aber im Unterschied zu mir musste sie ihn viele Jahre lang ohne große Unterstützung führen. Zum Glück kamen die Großmütter jeweils einen Nachmittag in der Woche und kochten, bügelten und halfen mit. (Ich weiß noch, wie meine Großmutter eines Tages meinen Body zu heiß bügelte und ich in Tränen ausbrach, weil es mein Lieblingsbody gewesen war ...).

Von meiner Mutter habe ich vermutlich die Freude am Reisen, wobei die mein Vater auch ausgeprägt hatte, geerbt, sowie die Unerschrockenheit, sich den herausfordernden Dingen im Leben mutig zu stellen. Eine wunderbare Neugierde und einen Wissensdurst hat sie und wenn sie uns mit ihren mittlerweile neunundsiebzig Jahren Bilder von ihren Ausflügen und Unternehmungen schickt, kann ich nur hoffen, dass ich in diesem Alter ähnlich aktiv bin.

Sie lässt sich einfach nicht so schnell unterkriegen und hat auch mich in diesen herausfordernden Monaten mit dem ihr eigenen Pragmatismus aufgebaut: „Jetzt hast du schon so viel geschafft, Aglaia, das kriegst du jetzt auch noch hin!" Das hat immer geholfen. Und ist mir auch heute ein Leitsatz. Wenn ich zweifle und hadere und zögere, stärkt sie mir den Rücken. Sie glaubt an ihre Töchter und daran, dass sie sich – wenn's drauf ankommt – am eigenen Schopf aus dem Sumpf ziehen können.

Im letzten Jahr verbrachte ich viel Zeit bei meiner Mutter in Graz und lernte sie auf eine ganz neue Art kennen. Knapp fünfunddreißig Jahre nach meinem Auszug haben wir uns auf einer Art „Freundinnenebene" wiedergetroffen. Auch ich habe jetzt erwachsene Kinder und muss lernen, sie loszulassen, so wie sie es getan hat. Auch ich beginne gerade einen neuen Lebensabschnitt, den sie bereits länger kennt und bei dem ich ihren Rat gut brauchen kann. Wir telefonieren nicht so häufig wie mein Vater und ich, denn sie ist viel unterwegs: wenn nicht am Berg oder auf dem E-Bike, dann in der Kirche, beim Kieser-Training oder auf Reisen. Stark und voller Pläne. Immer nach vorne. Ich habe Respekt vor dem Weg, den sie eingeschlagen und bis heute fortgesetzt hat. Und vor ihrer Emanzipation von der „Ärztegattin" hin zur berufstätigen Frau, die auch Mutter von vier Kindern war. Die Freude am eigenen Beruf, der einen unabhängig vom Partner macht, das hat sie uns allen vieren mitgegeben.

Wenn ich mir das Leben meiner Eltern oder anderer Verwandter in ihrem Alter so anschaue, denke ich oft, wir sollten ein Wohnmodell schaffen, in dem wir alle zusammenwohnen. Die Großeltern ihre Enkelkinder hüten und diese Enkel sich in weiterer Folge dann um die Großeltern kümmern. Wo miteinander gekocht und musiziert wird. Und niemand vereinsamt. Ich gehe sogar so weit, die These aufzustellen, dass unsere Gesellschaft das Problem der Vereinsamung alter Leute und des Pflegnotstands nicht mehr hätte, wenn man das Mehrgenerationenmodell, von dem ich träume, umsetzen würde.

Ich empfinde es als großes Glück, in eine weitverzweigte Familie hineingeboren worden zu sein. Mit meinen Eltern, Schwestern, Cousinen, Onkeln und Tanten bin ich immer wieder im Austausch und besonders der Kontakt zu meinen Eltern und Schwestern bedeutet mir viel. Unsere unterschiedliche Sicht auf die Dinge und das Leben ist bereichernd und wertvoll – wir können die Meinung der jeweils anderen gut stehenlassen. Und voneinander lernen. Mehr, als uns manchmal bewusst ist, glaube ich.

Ich habe drei Schwestern, die ich sehr liebe. Würde ich hier die Geschichten erzählen, die ich mit den dreien im Laufe meines Lebens erlebt habe, würde das ein eigenes, sehr dickes

Buch füllen und Stoff für einige Filme hergeben. Mit jeder von ihnen verbindet mich eine unverwechselbare und innige Beziehung. Für die letzten beiden Jahre war allerdings unsere „Kleine" besonders wichtig für mich, aus dem Grund erzähle ich hier vorwiegend ihre Geschichte – die beiden anderen werden mir das sicher verzeihen ... also: Die engste Beziehung habe ich zu meiner jüngsten Schwester Gwendolin. Dadurch, dass ich schon fast elf war, als sie geboren wurde, und ich sie ein Stück weit mit großgezogen habe, sind wir auf eine Art und Weise verbunden, die sehr schön ist und sehr tief geht. Wir können gut Zeit miteinander verbringen und lachen viel – selbst wenn die Umstände nicht immer zum Lachen sind. Sie hat zwei wunderbare Töchter, die ich liebe und viel zu selten sehe, die beide auch exzellente Turnerinnen und Reiterinnen sind, und einen Hund und zwei Pferde. Lauter Dinge, um die ich sie schwer beneide. Raus zum Pferd fahren und den Kopf durchpusten lassen, wie wohltuend muss das sein!

Gwendolin arbeitet in meiner Branche und so können wir uns darüber auch austauschen, was schön ist. Von Zeit zu Zeit besuchen wir auch gemeinsam Veranstaltungen. In lustiger Erinnerung habe ich die Verleihung des Deutschen Filmpreises, als ihre jüngere Tochter noch gestillt wurde. Ich habe damals in der Vorauswahlkommission des Filmpreises gearbeitet und so konnte ich sie auf eine zweite Karte zu der schönen Preisverleihung mitnehmen. Wir sind, wie so oft (diesmal wegen des Stillens), zu spät weggefahren und kamen als Letzte am roten Teppich an. Wir zwei blödelten also vergnügt rum, machten Fotos und Selfies, hatten Spaß und kamen entsprechend spät im Saal an, wobei es eine ausdrückliche Aufforderung gegeben hatte, die Plätze bitte rechtzeitig einzunehmen. Nicht nur, dass unsere Plätze in der Zwischenzeit gefüllt wurden und wir uns nirgends mehr hinsetzen konnten, nein, es war auch so, dass mir meine Nachbarin beim Hinsetzten zuraunte: „Aglaia, du weißt schon, dass es vom roten Teppich eine Live-Übertragung in den Saal gibt? Wir haben euch jetzt alle lange zugeschaut …!"

Ich frage sie immer wieder gerne um Rat und schätze ihre Klarheit, ihre Klugheit und ihr kritisches Hinterfragen der Dinge. Und ihren wunderbaren Humor!!! Den haben wir aber Gott sei Dank alle und das rettet uns immer wieder. Dadurch, dass sie mir am ähnlichsten ist, wissen wir gegenseitig sehr gut, wie wir einander beruhigen und aufbauen können, wenn es wieder mal bei einer von uns brennt. In den turbulenten Zeiten, durch die wir seit einiger Zeit gehen, hilft das sehr. Es ist einfach so schön, dass ich weiß, dass ich sie immer, immer anrufen kann und sie ihr Bestes geben wird, um mich aus einem Tal rauszuholen. In dem Punkt wechseln wir uns gut ab.

Und wir haben gute Ideen miteinander, und nach sehr lustigen Projekten, die wir für die Familie geschrieben, inszeniert und gefilmt haben, und nach einem Fotobuch, das wir geschrieben und fotografiert haben, frage ich mich aktuell, was wir denn als Nächstes angehen könnten.

Gwendolin war fünf Jahre alt, als wir 1983 in unser schönes, helles Haus in der Zusertalgasse zogen. Auf einmal hatten wir einen riesigen Garten, in dem wir nach Herzenslust spielen, toben, streiten und turnen konnten. Und ich hatte ein großes

Zimmer mit Fenstern übers Eck nach Osten und Süden. Endlich genug Platz für alle! Und wir hatten einen Hund und eine Katze. An diese Jahre habe ich sehr viele schöne Erinnerungen. Wenn ich wütend war, konnte ich mich wunderbar auf die große Wiese hinterm Haus zurückziehen und heulen. Oder dort meine liebe Cousine treffen und mich mit ihr über die aufregenden Ereignisse unseres jugendlichen Lebens austauschen. Wir aßen im Sommer immer auf der schönen Terrasse und ich habe vor allem die Helligkeit und warme Freundlichkeit dieses Hauses in guter Erinnerung – danke an die Architekten Karla Kowalski und Michael Szyszkowitz, die dieses Haus so wunderbar geplant und gebaut haben! Als ich 1987 aus diesem Haus auszog, vermisste Gwendolin mich wohl am meisten. Und ich sie.

In der Zeit der Krise waren meine Schwestern verlässlich an meiner Seite und dafür danke ich ihnen von Herzen. Es war nicht leicht für sie, dass ich als Älteste auf einmal so schwach war, und erst da wurde mir bewusst, welche Rolle ich im Familiensystem habe. Sie mussten auf vielen Ebenen einspringen, mich in manchen Dingen vertreten oder ersetzen und das war sicher nicht immer leicht. Aber wir haben das geschafft und jetzt, da ich aus dem Tal wieder auf der ersten Alm bin und der steilste Anstieg hinter mir liegt, jetzt wird mir noch mehr bewusst, was für ein großer Schatz meine Schwestern in meinem Leben sind. Ein Schatz, den ich gut hüten und von Zeit zu Zeit polieren muss, damit er nicht eintrübt. Und ein Schatz, für den ich sehr, sehr dankbar bin. Auf dass es so weitergeht, ihr Lieben!

Menschen, die ich liebe und brauche

Siebenundzwanzig Jahre. So lange besteht unsere Ehe schon. Oft ein Balanceakt zwischen Komödie und Tragödie. Phasenweise wohnten wir in drei Wohnungen, entfernten uns voneinander, näherten uns wieder an und kämpften jedes Mal aufs Neue um unsere Liebe. Die in diesen einunddreißig Jahren gewachsen ist. Die aber zwischendaddaaurch auch nicht mehr spürbar war und vieles aushalten musste auf der Berg- und Talfahrt unseres Lebens. Momentan wird sie wieder neu herausgefordert vom Thema des „empty nest" und hin und wieder fühle ich mich zurückversetzt an den Anfang unserer Beziehung, als wir noch keine Kinder hatten und ähnlich nur auf uns gestellt in unser Leben starteten.

Wie haben wir den Weg bisher geschafft? Er war steinig. Holprig. Hin und wieder ganz weg, da irrten wir orientierungslos durchs Dickicht. Aber wenn man lange genug kämpft und nicht aufgibt und sich durch Dornen und Brennnesseln schlägt, dann kommt irgendwo immer eine Lichtung. Ist zumindest meine Erfahrung.

Was war das Hauptproblem? Es war nie so, dass wir uns nichts mehr zu sagen hatten, aber es war so, dass wir phasenweise so intensiv jeder in seinem Leben steckten, dass wir uns darüber nicht mehr austauschen konnten. Wir hatten den anderen verloren, obwohl wir im selben Haus wohnten, und mussten erst mal mühsam von vorne anfangen bei den Fragen: „Woran denkst du, wenn du abends einschläfst und morgens aufwachst? Wo stehst du, was beschäftigt dich, wovon träumts du?"

Jetzt, wo wir wieder miteinander gehen und unsere Gedanken wieder teilen, jetzt bemerke ich, über wie viele Dinge mein Mann sich Gedanken macht und wie schön es sein kann, daran Anteil zu nehmen. Wir stellen jetzt die Weichen für unser Alter, ob wir wollen oder nicht, und wir wissen, dass wir jetzt die Chance haben, uns etwas aufzubauen, auf das wir in zwanzig Jahren zurückgreifen können, wenn unsere Kraft weniger wird.

Ja, das Hauptthema unserer Konflikte war auch nicht das Geld und schon gar nicht die Kindererziehung, bei der wir sehr gut an einem Strang zogen, nein, das Hauptkonfliktthema war der Punkt, dass wir die Nähe zueinander nicht halten konnten und sich deswegen andere Menschen in unser Leben schoben. Von den Verletzungen und Verwirrungen rund um das Begehren anderer wird ja fast jedes Paar irgendwann einmal getroffen. Es ist nichts Ungewöhnliches und kommt in den meisten längeren Beziehungen vor. Nur wohin damit? Mit der Zerrissenheit? Der Sehnsucht nach Halt und Geborgenheit auf der einen und der Lust auf Abenteuer und Abwechslung auf der anderen Seite? Es ist ein ewiges Dilemma.

In unserer Gesellschaft steht Treue ganz oben auf der Wunschliste von Paaren, wenn sie heiraten. Die Sehnsucht, „the one and only" zu sein, wohnt tief in uns. Und ist es nicht das Schönste auf der Welt, zu lieben und geliebt zu werden, sich fallenlassen zu können in die Arme eines Menschen, zu dem man absolutes Vertrauen hat? Ohne Angst haben zu müssen, dass er oder sie am nächsten Tag wieder weg ist oder dass die Liebe nicht erwidert wird? Ich hatte in meiner Jugend viele Flirts und kurze Beziehungen, die immer davon gekennzeichnet waren, dass sie sich nicht leben ließen. Das Objekt meiner Begierde war fast immer vergeben, zu weit weg, stand nicht auf Frauen oder war zu alt. Ich habe damals viele Herzen gebrochen, weil ich einfach immer Angst vor Verbindlichkeit und Nähe hatte, sobald ein junger Mann ernsthaftes Interesse an mir zeigte. Dafür möchte ich mich auch bei all den wunderbaren jungen Männern entschuldigen, die ich damit vor den Kopf gestoßen habe. Gerade in meiner Heimatstadt Graz waren das einige. Ich lebte quasi in einer andauernden Sehnsucht nach jemandem, den ich aber sofort, als er bereit war, zu mir zu kommen, nicht mehr wollte. Ein furchtbarer Zustand, für alle Beteiligten. Gegipfelt haben solche Schwärmereien bei dem griechischen Kellner im Urlaub, dem ich eines Abends tief in die Augen geschaut hatte und bei dem ich in weiterer Folge davon überzeugt war, dass er der Mann fürs Leben war. Da der Urlaub aber immer irgendwann zu Ende war, konnte ich nie herausfinden, ob wir wirklich zusammengepasst hätten, und so reiste ich mit gebrochenem Herzen ab. Oder in Osttirol, wo ich einen Sommer lang am Bauernhof und in der Pension meines Onkels aushalf und wo ich mich in den Bruder der Bäuerin verguckte. Er kam abends zu mir „fensterln", das werde ich nie vergessen, und ich habe nicht verstanden, was los war, als er ans Fenster klopfte, und habe mich in meinem Bett versteckt. Solche Geschichten gibt es einige.

Ich war, bis ich vierundzwanzig war, einfach der festen Überzeugung, dass man mit mir keine Beziehung führen kann. Ich habe deswegen mit zwanzig meine erste Therapie begonnen, weil ich darunter litt, dass es mit mir und den Männern einfach nicht funktionieren wollte, obwohl ich viel Kraft und Energie investierte.

Erst als ich dann 1992 meinen Mann kennenlernte, hatte ich das Gefühl, dass meine Sehnsucht gestillt und dass ich endlich, endlich wo angekommen war. Wenn ich mir die Liebesbriefe von damals durchlese, wird mir warm ums Herz. Ich war sehr verliebt in diesen blonden, langhaarigen Studenten der Betriebswirtschaft, und er in mich. Und ich konnte mit ihm endlich eine Liebesbeziehung führen, von der ich bis dahin nur geträumt hatte.

Ich war damals von meinem ersten Engagement in Krefeld nach Würzburg gezogen, um am Mainfrankentheater zu arbeiten. In Krefeld hatte ich mich wieder einmal in einen liierten Kollegen verguckt und hatte wieder einmal feststellen müssen, dass diese Liebe nicht lebbar war.

Bei unserem ersten Treffen in einem Jazzkeller warnte ich ihn vor: „Verlieb dich ja nicht in mich, das geht bei mir immer schief!" Er ließ sich aber nicht abschrecken und blieb auch nach unserem ersten Treffen hartnäckig an meiner Seite. Warum es mit ihm plötzlich klappte?

Gute Frage. War ich mit vierundzwanzig reif genug? Oder hat er es eben so geschickt angestellt, dass ich mich ergeben musste? Wer weiß ...

Unser erstes Treffen war also im sogenannten „Omnibus", den es heute noch gibt. Wir haben während des Konzertes über die Tische hinweg miteinander geflirtet und am Schluss hat er mich abgepasst und „Schöne Frau, kann ich dich wiedersehen?" gefragt.

Davor hatten wir bereits den sehr sinnlichen Moment eines charmanten Blickkontaktes, bei dem ich ihm mittels Abschlecken meiner Oberlippe signalisierte, dass er an seiner ebenso Bierschaum kleben hatte, was uns beide zum Lachen brachte. Er stand da also – sehr verlegen – und fragte mich diesen Satz. Und ich willigte ein, ein bisschen innerlich lächelnd über diesen schüchternen Typ „Biologiestudent 8. Semester".

Wir trafen uns am nächsten Tag vor dem Stadttheater Würzburg wieder und er hielt sich beim Sprechen aus Verlegenheit ständig das Programm vor den Mund, sodass ich ihn kaum verstand. Sehr süß. Wir sind miteinander dann nach Eibelstadt gefahren und haben italienisch gegessen und sehr viel Wein getrunken. Anschließend sind wir noch zum sogenannten „Kartoffelturm" hinaufgefahren, ein von den Nazis gebauter Turm, der an Hässlichkeit kaum zu übertreffen ist, von dem aus man einen wunderbaren Blick über das Maintal hat, und meiner Erinnerung nach habe ich ihn in Grund und Boden geschmust. Er fuhr einen grauen Citroën, rauchte und warf seine halblangen Haare gerne mit einer unwiderstehlichen Handbewegung nach hinten. Ich bemühte mich redlich, es ihm nachzumachen und auch unendlich lässig und cool zu sein, trug eine aus einem alten Militärmantel genähte Lederjacke, schminkte mich sehr schwarz um die Augen und versuchte, das Inhalieren einer Zigarette zu lernen; war aber nur halb so souverän wie er. Ich küsste meinen späteren Mann in dieser ersten Nacht sehr stürmisch, anfangs war ich meist sehr offensiv, ehe mir in weiterer Folge der Mut fehlte, eine Affäre zu einer Beziehung werden zu lassen. Eine „feste Freundin" werden, das wollte ich nie. Das hat ihn allerdings wenig beeindruckt – er nahm mich einfach ab dem Moment an in sein Leben mit.

Und damit hat die bisher größte Liebesgeschichte meines Lebens begonnen.

Und als wir kurz später in die Schweiz fuhren und ich leicht panisch: „Ich kann aber jetzt nicht deine Freundin sein, weißt du, weil ich gar nicht weiß, ob ich das überhaupt will ..." sagte – da hat er sehr entspannt: „Ist doch egal, wie wir es nennen. Wir fahren jetzt mal in die Schweiz" geantwortet und hinter dem Lenkrad seines grauen Citroen lässig zu mir rübergegrinst.

Ich habe mich in seine Souveränität, das Leben so zu nehmen, wie es kommt, verliebt. Er war lässig, großzügig und klug. Konnte gut Auto fahren, kannte sich überall aus und brachte mir seine Heimatstadt Würzburg näher. Im goldenen Herbst 1992. Wir waren schwimmen, spazieren, essen und trinken. Sind viel unterwegs gewesen und ich habe seine Freunde kennengelernt – ziemliche Freaks, mit denen wir heute noch befreundet sind: Oeg, Henk, Martin, Jörg, Werner, Franz, Hans-Jürgen. Zwei von ihnen leben traurigerweise nicht mehr.

Ich werde auch die erste Einladung bei seinen Eltern am „Heuchelhof" (guter Name eigentlich, für den Wohnort der Schwiegereltern) nie vergessen. Es gab Erdbeerkuchen mit Schlagsahne und seine Mutter Stefanie, die ich später sehr mochte, fragte mich beim Kaffeetrinken plötzlich: „Aglaia, du hast ja da in deiner Rolle ... also ... ähm ... wie soll ich das sagen. Ja, also sehr viel Busen. Ist der echt?" Was mich – und das passiert mir nicht so oft – heftig erröten ließ.

Nun. War er! Und die Liebe zwischen Marcus und mir war auch echt.

Es begann eine sehr, sehr schöne Zeit für uns. Ich fühlte mich, wie gesagt, nach den langen Jahren des Suchens und teilweise sehr unglücklichen Liebens endlich angekommen. Bei mir. Durch ihn. Durch das Vertrauen zueinander.

Nie vergessen werde ich die kurz nach unserem Kennenlernen erfolgte Premiere von George Taboris „Mein Kampf" am Stadttheater Würzburg. Mein Vater und mein neuer Freund saßen nebeneinander in der vierten Reihe in den Kammerspielen, dem kleinen Haus des Theaters, in dem man den Schauspielern sehr nahe ist, und ich weiß nicht, wer von den beiden überforderter war, als ich mich splitterfasernackt auszog, um meinem Kollegen Harry Heinze alias „Schlomo Herzl" als „Gretchen" die Fußnägel zu schneiden. Das verlangte die Rolle und obwohl ich sonst bei solchen Szenen sehr vorsichtig bin, hat mich das damals überzeugt. Abgesehen davon war diese Erfahrung ein Durchbruch für mich, weil ich mich bis dahin sehr für meinen Körper und meinen großen Busen geniert hatte. Als Schauspielerin bist du aber gezwungen, zu deinem Körper zu stehen, weil er nun mal dein Werkzeug ist. Und du dieses Werkzeug einsetzten musst, um zu überzeugen. Stimme und Körper. Je mehr du also zu ihm stehst, ihn liebst, ihn kennst, desto besser kannst du ihn einsetzen. Und durch Marcus' Liebe habe ich in dieser Zeit so viel an Selbstbewusstsein dazugewonnen, dass ich mich sogar über diese große Schwelle der Nacktheit auf der Bühne trauen konnte.

Ich habe in Würzburg in einer schönen Dachwohnung mit Blick aufs Stift Haug gewohnt. Marcus war viel bei mir. Und er hat meine Kollegen und Kolleginnen kennengelernt, Hans-Günter Butzko zum Beispiel, einen heute sehr erfolgreichen Kabarettisten, und viele mehr. Abends war unser Lieblingslokal die Weinstube Popp, wo er eines Nachts Sessel aus dem Fenster hob und abtransportierte, damit ich endlich gute Stühle in der Wohnung hatte; die Messer und Gabeln aus diesem Lokal haben wir auch heute noch ... ähem.

Man hat nach so vielen Jahren Verantwortung füreinander. Marcus meinte vor kurzem: „Ich werde ein Leben lang Verantwortung für dich übernehmen."

Was mich sehr berührt hat. Ja, wird er und werde ich für ihn. Egal, was noch passiert – diese tiefe Verbindung wird, denke ich, für immer bleiben.

Und klar, wir haben fast dreißig Jahre fast alles geteilt. Wir haben zwei wunderbare Söhne und kennen einander so gut, wie uns sonst fast keiner kennt. Wir hängen aneinander, wir lieben uns, was auch immer „Liebe" heißt.

Wir haben aber wohl auch ähnliche Erfahrungen in unserer Kindheit gemacht, unsere Mütter waren sehr jung und wir die jeweils ältesten Geschwister. Das war sicher nicht leicht damals in den Sechzigern, die Ehemänner beteiligten sich weder am Haushalt noch an der Kindererziehung, wie es heute die jungen Väter eher tun. Wir Kinder blieben damals abends immer wieder auch allein in der Wohnung, wenn die Eltern ins Theater oder die Oper gingen. Was da genau passierte und wie oft ich daheim war und Angst hatte, weiß niemand mehr so genau. Ich mache meinen Eltern keinen Vorwurf, es war damals einfach so. Aber meine eigenen Söhne habe ich nie allein zu Hause gelassen, als sie so klein waren. Von der so wichtigen „nährenden Liebe", die für ein Baby existenziell ist, haben mein Mann und ich wohl beide nur wenig abbekommen.

In den folgenden Jahren war diese tiefe, ungestillte Sehnsucht, die ich schon so lange in mir trug, endlich weg. Oder fast weg. Wir zogen nach Hamburg – der Hafen, die großen Schiffe, das Tor zur weiten Welt –, gründeten eine Familie und das Gefühl des „Verlorenseins" hörte endlich auf. Ich arbeitete weiter, drehte Filme und hatte meinen kleinen Sohn, den ich zu meinen Dreharbeiten mitnehmen konnte. Ich war angekommen und sehnte mich nirgendwo anders hin als an die Seite meines Mannes und meines Sohnes. Weiter Himmel, häufiger Niederschlag und ausgedehnte Spaziergänge an der Ostsee. Das Baby im „BabyBjörn" umgeschnallt, erwanderten wir uns den damals noch kaum erschlossenen Abschnitt nordöstlich von Lübeck, im ehemaligen Osten. Ich war glücklich und zufrieden mit dem, was war. Dieses wunderbare Kind und das tiefe Glück, Mutter zu sein, verdrängten alles andere. Auch die Sehnsucht. Okay, nicht ganz. Im Laufe der Jahre vermissten wir die Berge, da oben im rauen Norden, und das Wandern und Skifahren. Wir sehnten uns nach den warmen Sommerabenden im Biergarten und nach den kalten Bergseen in den Alpen. Wir wünschten uns näher an unsere Familien und Freunde, die bei meinem Mann hauptsächlich in Bayern, bei mir in Österreich waren. Unsere Ehe war nach ein, zwei Jahren nicht mehr in dem seligen Zustand wie in der ersten Zeit nach der Geburt unseres Sohnes, zeitweise wohnten wir sogar getrennt und zwischendurch wusste wohl keiner mehr, wie das weitergehen sollte.

Als Marcus im Sommer 2001 nach München ging, war erst mal nicht klar, ob unser Sohn und ich nachkommen würden oder nicht. Aber wir entschieden uns dann doch zusammenzubleiben und kauften im Herbst im Süden von München ein Haus. Es gab in diesem Ort einen wunderbaren Waldorfkindergarten, den unser Sohn besuchen konnte. Wie es der Zufall wollte, hatte meine Urgroßtante mit ihrem Sohn auch dort gelebt und lag hier auf dem Friedhof begraben. Mein Mann wechselte damals zu einem neuen Arbeitgeber und für mich und das Drehen war es egal, in welcher Stadt ich lebte. Wir bezogen also dieses gemütliche Haus aus den fünfziger Jahren und genossen es, einen großen Garten und eine Garage zu haben, in der mein Mann nach Herzenslust schrauben konnte. Für Frederic war der Umzug nicht leicht, er war drei Jahre alt und reagierte mit einem massiven Neurodermitis-Schub auf diesen Umstand. Aber auch er fand neue Freunde und gewöhnte sich daran, statt in einer Hamburger Wohnung in einem bayrischen Garten zu sitzen. Wieder wurde also der Sehnsucht nachgegeben und wieder beruhigte sich das System. Wobei ich immer Hummeln im Hintern hatte und nicht gut lange Ruhe geben konnte. Wie schön, dass durch das verlässliche Dasein meines Mannes unser Leben aber zumindest für unseren Sohn klar geordnet war. In den ersten Jahren konnte ich den kleinen Bären zu meinen Dreharbeiten mitnehmen, was wunderbar war. Bis sie zur Schule gingen, packte ich erst den Älteren, fünf Jahre später den Jüngeren ein und nahm sie mit wechselnden Babysitterinnen zum Drehen mit, um nicht von ihnen getrennt sein zu müssen. Das mochte ich nämlich in den ersten Jahren gar nicht. Meine Karriere lief reibungslos weiter und meine Agentin konnte gute Bedingungen für mich und meine „Begleitung" ausverhandeln, unter anderem einen „Stillfahrplan", der mein Recht auf Stillen alle dreieinhalb Stunden beinhaltete. Mit dem kleinen Bären war ich in München, Berlin und Marokko, mit dem zweiten Bären später in Hamburg, Wien und Salzburg. In dieser Zeit waren wir alle glücklich, leicht und geborgen.

Wenn ich jetzt so allein im Hotelzimmer sitze, würde ich die Zeit manchmal gerne zurückdrehen und mich in die warme Gesellschaft meiner damaligen Babysitterinnen und meinen lieben, kleinen Kindern zurückversetzen. Sie hat wieder mehr Platz bekommen, die Sehnsucht. Leider. Wie gern würde ich meine Kinder leichten Herzens in ihr Leben ziehen lassen, aber ich muss sagen: Es tut verdammt weh. Der Jüngere ist mit seinen neunzehn Jahren für mehrere Monate nach Naxos gegangen, um eine Ausbildung als Tauchlehrer zu machen. Ich freue mich für ihn, natürlich, und weiß, dass die Kinder ihr eigenes Leben aufbauen müssen, aber das Loslassen fällt mir schwer. Die Sehnsucht nach dem Familienzusammenhalt, den gemeinsamen Urlauben, den gemeinsamen Abendessen. All die Dinge, die es fünfundzwanzig Jahre lang gab, ihr Fehlen macht sich bemerkbar. Das Lernen hört wohl nie auf …

Wenn wir als Paar nach dieser langen Zeit des „Kinderbespaßens" nun zu zweit auf dem Sofa sitzen, ist das eine komplett ungewohnte Situation. Es schmerzt, in ein verlassenes Kinderzimmer zu gehen. Was tun dagegen? Wie umgehen damit? Das Leben fördert immer neue Aufgaben zutage, wieder und wieder sieht man sich Situationen gegenüber, die herausfordernd sind. Wir werden auch diesen Abschiedsschmerz überwinden. Aber die Sehnsucht, die schon Ödön von Horváths Karoline in „Kasimir und Karoline" benennt, wenn sie sagt: „Man hat halt oft so eine Sehnsucht in sich. Aber dann kehrt man zurück mit gebrochenen Flügeln und das Leben geht weiter, als wäre man nie dabei gewesen" … diese tiefe Sehnsucht, die wird mich vermutlich ein Leben lang begleiten.

****

Söhne

Die Liebe zu meinen beiden Söhnen hat eine Kraft, die alles andere übersteigt. Für diese Liebe würde ich alles tun. Sie sind mein größtes und tiefstes Glück. Eigentlich habe ich kaum Worte, die diese Liebe fassen können.

Nichtsdestotrotz fällt es mir zurzeit schwer, meine Söhne gehen zu lassen. Die Abreise meines jüngeren Sohnes nach Griechenland im Frühling 2023 beispielsweise quälte mich wochenlang. Ich weiß, dass ich ihn ziehen lassen muss und dass ich mich freuen soll für ihn und ihm alles Gute wünschen, aber mir schnürte es bei dem Gedanken daran einfach die Kehle zu. Er hatte mir zu Weihnachten eine Spotify-Playlist mit Liedern erstellt, die mir seiner Meinung nach gefallen könnten, querbeet. Fürs Autofahrten und fürs Laufen. Die höre ich jetzt. Und versuche dabei, mich mit ihm zu freuen. Aber ich tue mir schwer, nicht zu klammern. Tu mir schwer, ein „Geh nicht, Schatz!" zu unterdrücken und ihn nicht an mich zu binden. Ich weiß, ich muss ihn lassen. „Wer liebt, lässt los", heißt es. Akzeptieren. Loslassen. Klar. Ich weiß. Das wissen alle. Trotzdem tut es fürchterlich weh. Wie gern würde ich manchmal die Zeit zurückdrehen, als meine Söhne noch Knirpse waren und ich mit ihnen nach Herzenslust spielen, schmusen und kuscheln konnte. Fakt ist aber, dass der Jüngere für eine Tauchlehrerausbildung seine Zelte auf der Insel Naxos aufgeschlagen hat und es ihm dort gut geht, und der Ältere als Medizinstudent längst sein eigenes Leben in Berlin lebt.

Bei dem Gedanken an meinen eigenen Aufbruch in mein Erwachsenenleben 1987 habe ich das Nicht-Klammern meiner Eltern allerdings als sehr wertvoll erlebt, gut, sie hatten ja auch noch drei Töchter zu Hause. Ich dagegen habe keinen mehr daheim ...

Wenn so ein Kind entsteht, geboren wird, heranwächst und irgendwann erwachsen ist – dieser Prozess gleicht einem Wunder. Daran teilzuhaben ist fantastisch. Wie lange ist das her, unser Wunsch nach einem Baby? Sechsundzwanzig Jahre. Es hat damals sofort geklappt. Ich war neunundzwanzig und Marcus zweiunddreißig, ein gutes Alter, um Eltern zu werden. Wir freuten uns sehr. Wobei ich ängstlich war und mir einen Frauenarzt suchen musste, der mich gut zu nehmen wusste. Ich fand ihn in einem Arzt in Schnelsen. Er begrüßte mich gerne mit dem Satz: „Und worüber machen wir uns heute Sorgen, liebe Frau Szyszkowitz?" Ich musste darüber dann doch auch lachen und das half.

Unser erster Sohn entwickelte sich trotz meiner Sorgen sehr gut und sollte im März 1998 geboren werden. Zum errechneten Termin passierte allerdings nichts. Ich befolgte alle Tipps, die die damalige Schwangerschaftsbibel „Die Hebammensprechstunde" gab, um Wehen auszulösen. Ging auf den Hamburger Kirchturm, den „Michel", zweimal achthundert Stufen rauf und wieder runter. Probierte den Wehen-Cocktail mit Rizinusöl. Legte mich mit einem Glas Rotwein in die heiße Badewanne. Hatte Sex. Aber nichts half, der kleine Bär wollte die warme Höhle nicht verlassen. Nach zwei Wochen wurde die Geburt eingeleitet und ich begab mich in die Klinik. Es dauerte dann doch noch einen ganzen Tag, bis die Wehen einsetzten. Als sich herausstellte, dass sich das Kind nicht in den Geburtskanal eindrehen wollte, war ich schon relativ erledigt. Den Vorschlag der Ärzte, mich allein zu lassen und beruhigend auf das Ungeborene einzureden, damit es sich dreht, fand ich aber ganz sinnvoll. Sie lagerten mein Becken hoch und ließen mich mit Mozart – Konzert für Klarinette in A-Dur – allein im Kreißsaal. Ich redete also mit meinem Baby, entspannte mich und siehe da! Bei der Rückkehr der Krankenschwester war das Köpfchen eingedreht. So umschifften wir den Kaiserschnitt, Frederic und ich. Mein Mann kam zurück und wir atmeten die Geburt ein. Also, ich versuchte das. Marcus stockte eher der Atem, als dass er ihn fließen lassen konnte. Erst ging nichts weiter, auch weil niemand vom Pflegepersonal Zeit für mich hatte, weil an dem Abend mehrere Geburten gleichzeitig stattfanden. Bis wir, ich hatte das von langer Hand geplant, eine befreundete Hebamme, die wir als meine Schwägerin vorstellten, in den Kreißsaal schummelten. Mit Hebamme Verena zusammen schaffte ich die Geburt. Erschöpft, aber glücklich. Sie half mir zu atmen und machte mir Mut. Mein Mann war sehr beeindruckt, erzählte er mir später, mit welcher Löwenkraft ich diese doch lange und zähe Geburt meisterte. Er sagte, er hätte noch nie in seinem Leben einen solchen Respekt vor der Kraft einer Frau gehabt.

Unser zweiter Sohn Samuel kam fünf Jahre später im Juli 2003 im Vergleich zu seinem Bruder rasch und unkompliziert zur Welt. Auch ihn hatte ich übertragen und seinen Einleitungstermin legte ich in weiser Voraussicht auf einen Sonntag, weil an dem Tag meine Lieblingshebamme im Krankenhaus Starnberg Dienst hatte, Manuela. Auch da war mir klar: Mit einer kompetenten Frau an meiner Seite schaffe ich das. Und so war es auch. Manuela half mir, ich atmete tapfer und kurze Zeit später lag der kleine Frosch mit einem großen Muttermal am Popo vor mir im Bett. So schön. So beglückend. So gesund. Glückliche Wochen folgten. Das Stillen war beim zweiten Kind um vieles leichter und Samuel schlief gut, aß gut und war ein sehr zufriedenes und wunderbares Kind.

Ich hatte bei beiden Kindern ein fast lückenloses Arbeitsleben, was mich entspannt auf die Zeit nach der Geburt schauen ließ. Meine Karriere lief gut, fünf Monate nach der Geburt meines ersten Sohnes begann ich wieder zu drehen, beim zweiten dauerte es ein halbes Jahr. An den Stillplan meiner Agentin hielten sich alle brav. Mit Frederic drehte ich in Hamburg „Der Tod in deinen Augen" mit Micky Rowitz als Regisseur, als frischgebackene zweifache Mutter mit Baby Samuel drehte ich in Wien eine Komödie mit Xaver Schwarzenberger. Es war anstrengend, aber ich war selten in meinem Leben so glücklich und zufrieden wie damals. Ich konnte alles verbinden: Familie, Beruf, Freunde – und hatte es dabei auch noch so herrlich. Eine Babysitterin war immer dabei, oftmals war das meine Mutter, manchmal meine Schwester Gwendolin oder meine Cousine Anna. Ich wurde von allen Seiten unterstützt und getragen. Die Babysitterin bekam ein eigenes Zimmer und besuchte mich mit dem Baby alle dreieinhalb Stunden zum Stillen am Set. So schön. Sandra Staudt war bei unserem zweiten Sohn jahrelang meine Haupthilfe. Den schicken hellblauen Kinderwagen, mit dem der Kleine transportiert wurde, bezeichneten wir irgendwann als seine „Wohnung", weil er sich dort mehr aufhielt als irgendwo sonst. Auch hier würde ich die Zeit gerne zurückdrehen und wieder ein Baby im Arm halten. Aber bis zu möglichen Enkelkindern muss ich mich wohl hoffentlich noch ein bisschen gedulden.

Frederic war als Kind eher still und zurückhaltend und interessierte sich schon als kleiner Junge für Tiere und Pflanzen aller Art. Mit einem Naturführer bewaffnet streifte er durch Feld und Wiesen. Sein Medizinstudium heute scheint da fast die logische Konsequenz. Frederic neigt dazu, Konflikten eher aus dem Weg zu gehen, und ihm ist es wichtig, dass die Dinge sich ruhig und klar und fair gestalten. Er konnte überaus schüchtern sein, damals als Kindergartenkind. Einmal sollte er im Krippenspiel im Kindergarten den Josef spielen, weswegen er nicht mehr hingehen wollte. Weil ihn dann „alle anschauten". Ihm wohnt eine große Sensibilität und ein feines Gespür für andere Menschen inne und er hat eine ganz wunderbar beruhigende und zugewandte Art – seine zukünftigen Patientinnen und Patienten können sich darauf freuen! Auch in den herausfordernden Wochen des letzten Jahres ist er immer ruhig geblieben und hat die sich teilweise überschlagenden Ereignisse klug eingeordnet, ohne sich zu sehr beeindrucken zu lassen. Was für eine angenehme Eigenschaft! Bei ihm möchte ich irgendwie immer aufpassen, dass er verschont bleibt von allzu viel Negativem, weil er dazu neigt, sofort Mitverantwortung zu übernehmen und zu helfen. Ohne sich zu schonen. Ich liebe ihn sehr, den Herrn Fred.

Der selbstbewusste und lebhafte Samuel genoss es im Gegensatz dazu schon in jungen Jahren, im Mittelpunkt zu stehen. In der Montessorischule war er Klassensprecher. Er wusste genau, was er wollte, und verstand es gut, seinen Willen durchzusetzen – das ist heute noch so. Er hält Konflikte gut aus, legt sich durchaus auch mal mit jemandem an, im Kindergarten und in der Schule war das immer wieder mal Thema. Wer nicht aufpasst, kann schnell mit ihm aneinandergeraten. Aber nach einem kurzen Feuerwerk beruhigt er sich auch rasch wieder. Er ist vielseitig begabt und hat gute Ideen und er lässt sich im Grunde durch nichts und niemand davon abhalten, seine Ziele zu verfolgen, wenn er sie mal für sich selbst klar formuliert hat. Er ist sehr kommunikativ, charmant und lebenslustig und ich kann mir so einige Berufe für ihn vorstellen. Er ist auch als Schauspieler begabt und hat eine Zeit lang mit dem Gedanken gespielt, an eine Schauspielschule zu gehen. Mal sehen, was da noch alles kommt. Nachdem er im Herbst dreieinhalb Monate auf Interrail quer durch Europa unterwegs war und sich geschickt mit wenig Geld durchgeschlagen hat, habe ich die Gewissheit, dass er selbstständig gut aufgestellt ist, und es hat mich nicht überrascht, dass er sich auf Naxos ein herrliches Leben aufbaut, zwischen spannenden Tauchgängen, seinem zur Wohnung umgebauten Wohnwagen und seiner Lieblingskneipe. Gut, dass ich ihn im Juli für eine Woche besuchen werde. Ich bin gespannt darauf, den Wohnwagen zu sehen, den er sich mit der ihm eigenen Leidenschaft so gemütlich hergerichtet hat, dass selbst ich als alte Wohnmobilskeptikerin Lust bekommen könnte, darin mal zu nächtigen. Er arbeitet scheinbar ganze zwölf Stunden täglich mit der ihm eigenen Energie als Tauchlehrer und lernt dabei so viel über Menschen wie vermutlich nie zuvor, weil er einschätzen muss, mit wem er wo und wie tauchen gehen kann und mit wem das Risiko dabei zu hoch ist. Er hatte wohl schon einige brenzlige Situationen zu meistern, als beispielsweise eine Amerikanerin plötzlich Panik bekam und er sie „abschleppen" musste. Ich habe großen Respekt vor der Verantwortung, die er dabei trägt. Und ich freue mich schon sehr drauf, ihn bald wieder in die Arme schließen zu können.

Interessant, wie unterschiedlich die beiden sind, und spannend, wie unser Verhältnis sich mit den Jahren verändert. Erwachsene Kinder zu haben bedeutet einen erwachsenen Umgang auf Augenhöhe, der bereichernd und schön ist. Gerade in der Krise war es von unschätzbarem Wert, mit meinen erwachsenen Söhnen im Austausch zu sein. Die beiden haben diese Zeit gut durchgestanden. Gaben mir, wenn ich ängstlich war, kluge Tipps und beruhigten mich. Und Frederic wiederholte ein ums andere Mal: „Du musst Geduld haben, Mama, so etwas geht nicht so schnell vorüber. Aber es geht vorüber. Du wirst sehen!"

Ich erlebe meine Söhne heute als starke, unabhängige und kreative Persönlichkeiten und ich glaube fest daran, dass unsere Erziehung, unser Vertrauen in sie und die Möglichkeiten, die wir ihnen gegeben haben, ihnen dabei sehr geholfen haben. Ich bin der festen Überzeugung, dass wir einen großen und manchmal auch unbemerkten Einfluss durch unser Handeln und Vorleben auf unsere Kinder haben. Dessen sollten wir uns immer bewusst sein. Wenn ich heute auf meine Söhne schaue, bin ich unendlich dankbar, dass sie sich beide zu so wunderbaren, verantwortungsbewussten, humorvollen und interessierten jungen Männern entwickeln. Es macht Spaß, Zeit mit ihnen zu verbringen, und ich erfreue mich an ihrer jugendlichen Kraft, ihrer Neugierde auf das, was das Leben alles zu bieten hat, und an ihrer Beziehungsfähigkeit. Beide haben sehr sympathische Freundinnen und fühlen sich – so meine Vermutung – geliebt und sicher im Leben stehend.

Ich habe in dieser Krise des letzten Jahres erkannt, wie wertvoll es ist, Zeit für seine Familie und für seine Partnerschaft zu haben. Die Prioritäten haben sich verschoben und ich bereue heute die eine oder andere Entscheidung, die ich in Sachen Beruf zuungunsten der Familie getroffen habe. Aber das Rad der Zeit zurückdrehen kann ich nicht. Die Momente, die mir mit den nun großen Buben geschenkt werden, werde ich allerdings noch mehr wertschätzen und gut nutzen.

Wenn ich die beiden beobachte, denke ich, dass wir ihnen trotz aller Verschiedenheit gemeinsam vieles mitgeben konnten. Mein Mann hat ihnen Werte vermittelt wie Verlässlichkeit, Mut und die Fähigkeit, sich eine Meinung zu bilden und diese auch zu verteidigen. Ich konnte ihnen vielleicht Dinge wie Empathie, Mitgefühl und Wärme vorleben. Interesse an anderen Menschen, Interesse und Neugierde auf das Leben an sich. Und trotz aller Schwierigkeiten, die es in unserer Ehe auch gab, haben wir es geschafft, zwei großartige, talentierte und feine junge Männer großzuziehen. Ich arbeite an mir, sie so ziehen zu lassen, wie es gut für sie ist, und freue mich, wenn sie ihren Weg gehen und uns daran ein bisschen Anteil nehmen lassen. Die zwei Rotzpipp'n, die ich so liebe.

****

Freundinnen

Denke ich heute an die schlimmste Zeit meiner Krise zurück, taucht unmittelbar auch das beklemmende Gefühl einer kompletten Überforderung auf, das mich lange Zeit beherrschte. Obwohl ich – von außen betrachtet – ganz sicher ein beneidenswertes Leben führte, eine wunderbare Familie und einen privilegierten Job hatte, war ich am Verzweifeln. Ich lief ohne Unterlass zu Ärzt:innen, Therapeut:innen, Schaman:innen. Mit mäßigem Erfolg. Ich musste erkennen: Das, was mich wirklich über die schwere Zeit getragen hat, war meine Familie und die Menschen, die mich umgaben, vor allem auch meine Freundinnen: Angelika. Regine. Sandra. Hilli. Sabine. Agnes. Eva. Annemarie. Beate. Karoline. Verena. Verena. Verena.

Es sind die Frauen, die bleiben. Deren Freundschaft bleibt. Deren Treue mich hält. Deren Wärme mich einhüllt und beschützt. Deren Liebe mich trägt. Immer wieder war ich sehr

70

eng befreundet mit Frauen, die mich durch das Leben lotsten. Manche begleiteten mich während meines Berufslebens, andere Freundschaften waren „nur" privat.

Eine der längsten Vertrauten ist meine Agentin Carola Studlar. Seit fünfundzwanzig Jahren nimmt sie hautnah an meinem Leben teil. Sie ist meine erste Ansprechpartnerin, wenn es um den Beruf geht. Ihr Urteil ermöglicht oder verhindert alles. Sie behält den kühlen Kopf, der mir oft fehlt, und neigt nicht zu Gefühlsausbrüchen. Wenn ich bei einem Angebot am liebsten sofort „Ja, natürlich, hierher, ich!" brüllen möchte, bittet sie mich, eine Nacht drüber zu schlafen. Ruhig und bestimmt. Streng wird sie nur, wenn sie ein Verhalten wirklich missbilligt. Da kann sie schon einmal ungemütlich werden. Carola ist klar. Unnachsichtig. Unnachgiebig, wenn sie von etwas überzeugt ist. Eine Löwin, wenn sie um ein Projekt oder eine Rolle kämpft. Sie bekommt irgendwie früher oder später fast alles mit, was ich so treibe. Manchmal frage ich mich, wie sie das nur anstellt. „Aglaia, dein Haar war nicht gemacht", ist einer meiner strengen Lieblingssätze von ihr. Bei einem Eröffnungsfest einer Filmproduktion vor vielen Jahren hatte ich den Fehler gemacht, direkt von der Skipiste zur Party zu stoßen. Hatte also eine „Skihaubenfrisur". Das passierte mir kein zweites Mal. „Ich habe von mehreren, dir wohlgesonnenen Menschen gehört, dass ..." beginnt sie ihre Sätze gerne, wenn sie zur Kritik ansetzt. Wenn ich etwa auf Instagram unvorteilhafte Videos poste, auf denen ich mit Augenringen zu sehen bin. Noch immer schockiert es mich ein bisschen, wenn sie so resolut mit mir spricht, dann gehe ich in den Widerstand, ärgere und verteidige mich. Oft hat sie aber recht. Als die Kinder noch jünger waren, zwang sie mich gern, meine impulsive Art zu hinterfragen, und sagte: „Aglaia. Hast du das mit deiner Familie besprochen?" Wenn Trost gefragt ist, zeigt mir Carola aber durchaus auch ihre warme und liebevolle mütterliche Seite. Carola hat die Geburten meiner Söhne begleitet und für mich damals einen fantastischen Still-Vertrag ausgehandelt, der mir ermöglichte, am Set alle dreieinhalb Stunden zu stillen. Sie hat das Auf und Ab meiner Ehe mitbekommen, Erfolge und Misserfolge und die herausfordernden Zeiten, in denen eben nichts los ist und man wartet. Sie war auf Premieren dabei und hat Abschlussfeste miterlebt, hat mich wachsen und reifen gesehen. Hat mir ins Gewissen geredet, mich ermahnt und gelobt, sich mit mir gefreut, und war genauso enttäuscht, wenn ein Projekt im letzten Moment abgesagt wurde. Wir telefonieren alle paar Wochen und sehen uns einmal im Quartal. Öfter nur dann, wenn ein Projekt ansteht und sich Schwierigkeiten auftun und es im Gebälk knirscht. Dann heißt es vonseiten der Produktion: „Frau Studlar hat sich gemeldet", und ich weiß dann, dass die Dinge sich in meinem Sinne fügen werden. Und wenn etwas besonders schön und erfreulich ist, kann es sogar vorkommen, dass sie von sich hören lässt und mich lobt! Wenn dieser seltene Fall eintritt, hat ihre Anerkennung Hand und Fuß und ich zehre wochenlang davon. Auch in dieser Krise war sie an meiner Seite und hat mich ganz großartig beschützt. Das war sicher nicht leicht für sie und ich bin ihr unendlich dankbar, dass sie in den letzten Monaten als „meine deutsche Eiche", als die sie sich selbst bezeichnete, dafür gesorgt hat, dass ich in Ruhe genesen konnte.

Eine anderer wichtiger Mensch, den ich im Beruf kennenlernte, ist Jutta Lieck-Klenke. Jutta war meine Produzentin bei meiner ersten eigenen Reihe „Jenny Berlin" in Hamburg. Ich mochte sie von Anfang an, sie schien mir der Inbegriff einer kompetenten Produzentin. Stark, entschieden und klar. Mit einunddreißig Jahren war ich als „Jenny Berlin" die jüngste Samstagabend-Kommissarin im deutschen Fernsehen und das hat mich stolz gemacht. Unter der Regie des Wieners Johannes Fabrick und abgelichtet von der Kamera meines Freundes Holly Fink, löste ich zwei erste Fälle an der Nordsee und auf dem Dach eines Hamburger Hochhauses und hatte an der Arbeit eine tiefe, große Freude. Ich war so stolz damals, dass man mir, die ich doch aus Österreich komme und in den ersten Jahren immer wieder gesagt bekam, dass meine Aussprache „zu österreichisch" sei, diese Rolle der jungen Hamburger Kommissarin anvertraute und an mich glaubte.

Unser letzter Film spielte auf einem Kreuzfahrtschiff, meine Eltern waren eine Woche als Komparsen dabei. Wir fuhren von Italien über Spanien und Portugal bis nach Hamburg und dann weiter über Riga nach Stockholm und St. Petersburg. Dieser Schiffsdreh war eine schöne Abwechslung zu den vielen Folgen, in denen wir in Hamburg „Außen-Nacht"-Drehs hatten und im Nieselregen zwischen Mitternacht und Morgendämmerung irgendwelchen Verbrechern nachjagen mussten. Besonders geschlafen habe ich auf dem Schiff so gut! Das sanfte Schaukeln der Wellen habe ich als beruhigend und beschützend erlebt. An den Fall an sich habe ich keine Erinnerung, sehr wohl aber an den Cast dieses letzten Films. Friedrich von Thun, mein wunderbarer Kollege, den ich viele Jahre später bei „Zimmer mit Stall" wiedergetroffen habe, Nicolay Kinski, Francis Winter und Angela Roy. Nachts um ein Uhr trafen wir uns immer alle in der Disco des Schiffes ganz oben, übernahmen die Musikauswahl und tanzten nicht selten bis in den frühen Morgen …

Regie führte der leider viel zu früh verstorbene Regisseur Carlo Rola. Die Zeit mit meinen wunderbaren Kommissar-Kollegen Hannes Hellmann und Rainer Strecker würde ich heute gerne zurückdrehen. Es waren insgesamt fünfzehn Filme in dreizehn Jahren und Jutta kämpfte für die Reihe, die immer wieder einmal vor der Einstellung stand. Sie sorgte dafür, dass beim Drehen auf meine damals sehr kleinen Kinder Rücksicht genommen wurde, und auch sie hielt immer wieder ihre schützende Hand über mich.

Wir arbeiteten im Jahr 2012 dann noch an einem Film der „Katie Fforde"-Reihe miteinander, der in New York und auf Long Island spielte. Ich durfte auf Long Island wohnen und besuchte zum ersten Mal New York, wo ich einen unvergesslichen Abend im „Blue Note"-Jazzclub mit meinem Kollegen Dietrich Hollinderbäumer verbrachte. Ich hatte damals gemeinsam mit meinem Spielpartner Tim Bergmann viel an den Texten, die mitunter doch sehr schwülstig waren, verändert und die vielen Blumen, die bei solchen Filmen gern ins Bild gerückt werden, wieder aus dem Bild geschoben. Das führte selbstverständlich zu einer Diskussion mit dem Regisseur. In weiterer Folge mündete diese Arbeit dann in der einzigen lauten Auseinandersetzung mit Jutta, weil das Ergebnis dem ZDF „zu schwer" war und sie mich damit konfrontierte, dass ich mich zu viel eingemischt hätte. Ja, unser Film war sicher einer der ernsteren der Reihe. Aber so ist es. Film ist Leidenschaft und dann kracht es mitunter auch mal.

Unsere wirkliche Freundschaft begann erst nach unserer offiziellen Zusammenarbeit – und ist ein Geschenk. Viele Produzentinnen, die zu Freundinnen wurden, gibt es in meinem Leben nicht. Jutta hätte eine fantastische Ärztin abgegeben, uns verbindet bis heute das Interesse für medizinische Themen. Ich studierte ein Jahr Medizin und sie hätte es, glaube ich, gerne studiert.

Und da ich immer schon jemand war, bei dem es immer mal wieder hier und da zwickt, empfahl Jutta mir quasi bei jedem Film einen neuen Arzt. Herrlich!

Wir kennen uns jetzt satte vierundzwanzig Jahre und auch in meiner Krise hat Jutta mich wochenlang begleitet und unterstützt. Tipps gegeben, zugehört, getröstet, aufgebaut. Warmherzig, liebevoll und kompetent. Danke, Jutta!

Und damit springe ich zu einem Familienmitglied, das auch Freundin geworden ist, und das ist meine Tante Ilse. Was wäre unsere Familie ohne sie! Sie gehört einfach dazu, obwohl sie genau das immer anzweifelt. Niemand in meiner Familie fordert mich immer wieder so heraus wie sie. Tante Ilse ist klug, kritisch und unerbittlich in ihrem Urteil und man muss sich warm anziehen, um ihrem strengen Blick standzuhalten. Dabei verbirgt sich aber hinter der rauen Schale ein butterweicher Kern und ich bin ihr zutiefst dankbar, dass sie mich in dieser schwierigen Zeit so kontinuierlich und liebevoll unterstützt hat. Sei es, dass sie mir immer neue Therapeuten vorschlug, am Telefon gleich selbst mit mir arbeitete oder dass sie mich in der Klinik besuchen kam und mit mir Übungen machte. Oder dass sie mir in München ihren berühmten

glutenfrcien Kuchen gebacken und mich zum Kaffee einge-
laden hat. Ilse war an meiner Seite. Da sie selbst als Psychotherapeutin arbeitet, hat sie Verständnis für Menschen, die
sich auf die Suche nach sich selbst machen. Das wird klar,
wenn man sich ihr anvertraut. Sie war in meiner Jugend die
erste Person, die meine Ursprungsfamilie mit einem klaren
Blick analysierte. Das hat mir damals sehr geholfen, weil ich
dadurch Zusammenhänge begriffen habe, die ich sonst wahrscheinlich nur schwer oder gar nicht bemerkt hätte.

Ilse arbeitet mit systemischen Familienaufstellungen – eine
Therapieform, mit der ich schon einige Male durchaus gute
Erfahrungen gemacht habe. Ich habe auch den umstrittenen
Bert Hellinger erlebt und mit seiner Hilfe herausgearbeitet,
dass meine Zöliakie eine positive Begleiterscheinung hat,
nämlich die, dass mich diese Krankheit dazu zwingt, weniger
Kohlenhydrate zu essen. Viele Schauspielerinnen kämpfen
nämlich sehr mit ihrer Figur und ihrem Gewicht. Hadern damit, dass sie nicht schlank genug sind. Zählen Kalorien und
haben ein schlechtes Gewissen, wenn sie sich mal eine Mahl-
zeit gönnen, die nicht nur aus Gemüse und Obst besteht.
Da ich auch nicht zu den Hungerhaken zähle und gerne gut
esse und trinke, ist das auch für mich Thema. Immer schon
eigentlich.

In so einer Aufstellungs-Session stellt man zum Beispiel das
Symptom, also die Krankheit auf und schaut, wie sich dieses
Symptom auf die anderen Aufgestellten im System auswirkt.
Das kann beispielsweise Mitleid bei den Eltern sein, Rück-
sichtnahme bei den Schwestern oder Wut bei einem selbst –
also dem Stellvertreter, den man für sich ausgesucht hat.

Diese Therapiemethode ist an sich zu komplex, um sie hier genauer zu beschreiben, mich hat diese Arbeit aber immer mal wieder im Leben ein Stück weitergebracht. Und wenn ich Zeit hatte, habe ich immer wieder bei Aufstellungen, die Ilse gemacht hat, zugeschaut. Sie arbeitet ruhig, souverän und klar. Und mit ihren sechsundachtzig Jahren gilt sie in diesem Bereich längst als eine feste Größe. Arbeiten kann ich mit ihr allerdings nur sehr eingeschränkt, da ist der notwendige neutrale Abstand nicht gegeben.

Als meine Patentante hat sie mir früher immer wieder wunderbare kleine Geschenke von ihren weiten Reisen mitgebracht und mir Geschichten erzählt. Sie hat viel von der Welt gesehen und reist immer noch gerne. Früher auch viel mit meinen Schwestern, heute mit Freundinnen. Und sie interessiert sich für mein Leben und nimmt daran Anteil, sie fragt nach und freut sich mit, wenn es mit gut geht. Sie fühlt aber auch mit, wenn es mal nicht so ist, weil sie die dunklere Seite des Lebens und den Zweifel kennt. Ich kann sie immer anrufen und es ist ein großes Glück, dass sie ein Stück weit Teil meines Leben ist. Ilse fährt noch Ski (auch der ältere Bruder meiner Mutter und meine Mutter mit neunundsiebzig tun das noch), wandert und singt gerne, sie liest viel und geht leidenschaftlich gerne ins Theater, ins Konzert und ins Kino. In ihrer unnachahmlichen Art provoziert und reizt sie mich durchaus auch immer wieder, aber das gehört in einem großen Familiensystem dazu, und mittlerweile weiß ich, wie ich damit umgehen kann. Ilse ist und bleibt jemand, die sich ihr Leben lang weiter reiben wird, aber dann muss man sich eben rüsten und kontern – so wird einem nie langweilig. Und es bleibt warm.

Auch privat gab und gibt es einige sehr wichtige Frauen-Freundschaften in meinem Leben. Meine allererste Freundin war Karoline Ruge. Sie wohnte in Hannover neben uns und wir besuchten erst denselben Kindergarten, dann die Volksschule. Karoline war für mich der Inbegriff des norddeutschen Mädchens, blass, zart und blond. Wir frisierten ganze Nachmittage lang unsere Barbies, besaßen die legendäre „Zettelwirtschaft" und teilten fast alles, was kleine Mädchen so beschäftigt. Als wir nach Graz umzogen, schrieben wir uns und telefonierten viel. Auch später besuchten wir uns gegenseitig und sind bis heute befreundet. Sie lebt und arbeitet als Psychotherapeutin in Bayreuth und ich lege gern einen Zwischenstopp bei ihr ein, wenn ich mit dem Auto nach Berlin fahre. Freundschaften, die der Kindheit entspringen, sind besonders wertvoll und ich hoffe, dass die norddeutsche Karoline und die steirische Aglaia auch mit weißen Haaren noch miteinander Tee trinken und plauschen. Ich bin zuversichtlich!

In der Grazer Volksschule war ich eng mit Michaela Biernatzki befreundet. Im Gymnasium lernte ich dann Andrea Kubesch kennen. Wir teilten die Liebe zum Sport und zu Jungs, wir fuhren gemeinsam Ski und reisten zweimal gemeinsam in die USA. Das erste Mal mit sechzehn für sechs Wochen und das zweite Mal 1986 nach der Matura. In San Francisco arbeiteten wir als Au-pair-Mädchen und tourten anschließend zum Grand Canyon und zum Bryce Canyon. Für uns brave Grazer Mädels ein großes Abenteuer! Andrea war unternehmungslustig, neugierig und humorvoll und wir unternahmen jahrelang fast alles gemeinsam. Auch als sie sehr jung Mutter von Zwillingen wurde, hatte unsere Freundschaft noch lange

Zeit Bestand. Nur in den letzten Jahren konnte ich ihr leider zu wenig Zeit widmen.

Nach dem Gymnasium begann mit der Schauspielschule des Volkstheaters eine neue Phase. Dort lernte ich Eva Spreitzhofer kennen. Uns verband eine intensive, sehr besondere und nicht unkomplizierte Freundschaft. Drei Jahre lang heftete ich mich eng an sie und musste mir den Vorwurf gefallen lassen, für andere nicht mehr erreichbar zu sein. Als junges Mädchen war Eva mein Gegenentwurf. Politisch interessiert, kritisch, mutig. Sie war so etwas wie das Eingangstor zu einem neuen Leben. Eva war um so vieles freier als ich. Unvergessen eine Party, bei der alle nackt und bekifft Tischtennis spielten. Ich als Nichtraucherin stand verklemmt daneben und ging früh nach Hause. Ich hatte keine besonders gute Beziehung zu meinem Körper und genierte mich. Eva nahm mich auf Veranstaltungen mit, brachte mir bei, sich eine Meinung zu bilden und diese auch zu verteidigen. Auch sie war eine Freundin, mit der ich viel lachte und alles teilte. Männergeschichten, Theaterabende, Nächte. Schauspielerisch war sie eine gute Kritikerin im Unterricht und ich lernte viel von ihr. Heute ist Eva eine gefragte Autorin und Regisseurin, seit letztem Jahr sind wir außerdem in derselben Agentur.

Während der ersten Engagements in Krefeld, Würzburg und Münster, wo ich nur für jeweils ein oder zwei Jahre blieb, war es schwierig, Freundschaften zu pflegen – ein prinzipielles Problem, das mein Beruf mit sich bringt. Aus Würzburg blieb mir allerdings Angelika Fink, eine Freundin, die ich schon aus meinen Theaterzeiten als sechzehnjährige Statistin in Graz kannte. Meine Freude war groß, als ich sie dort wiedertraf. Ich durfte bei Angelika vorübergehend zur Untermiete wohnen und bewunderte sie als Schauspielerin sehr. Heute schätze ich sie als Autorin und Regisseurin und vor allem als warmherzige, kluge und authentische Kollegin. Sie hat inzwischen zwanzig Jahre lang Kulturarbeit in München gemacht und leitet demnächst unseren ersten gemeinsamen Workshop mit mir. Wenn sie in ihrem Hartberger Heimatdialekt spricht, könnte ich ewig und noch eine Weile zuhören – so schön finde ich ihr Oststeirisch. Leider habe ich nie gut im Dialekt spielen können, was ich immer wieder bedaure, wenn ich in Österreich drehe. Einen österreichischen Singsang bekomme ich hin, aber nur schwer guten steirischen oder einen anderen österreichischen Dialekt. Wenn ich im Dialekt sprechen soll – wie bei meiner Krimireihe in Altaussee –, muss ich das vorher gut vorbereiten. Aber zurück zu Angelika, die zu den Freundinnen gehörte, die in der Krise für mich da waren. Sie ist als eine der wenigen auch angereist, wenn es mir schlecht ging, was ich ihr immer danken werde. Sie hat mich umarmt und getröstet und für mich gekocht und mir zugehört. So wunderbar!

Als ich 2001 mit meinem Mann nach Baierbrunn zog, lernte ich Veronika Thalhammer kennen. Unsere Söhne waren gemeinsam in der Krabbelgruppe und pflegten über viele Jahre eine enge Freundschaft. Veronika ist wunderbar kreativ und hat mir, der das Basteln eigentlich überhaupt kein Vergnügen bereitet, gezeigt, wie man filzt, strickt und klebt. Sie ist eine hervorragende Köchin und sehr sportlich, gemeinsam waren wir rollerskaten, wandern und bergsteigen. Wir verbrachten mit unseren Männern und Söhnen einen gemeinsamen Urlaub auf Korsika und entdeckten einsame Strände und außergewöhnliche Campingplätze. Veronika wanderte tagelang mit mir durch den Wald und hörte sich mit einer Engelsgeduld meine Geschichten an. Wir musizierten miteinander und studierten für Weihnachten mit Leidenschaft Stücke mit Geige, Querflöte und Gesang für unsere Familien und Freunde ein. Auch die gemeinsame Nikolaus-Tradition hielten wir lange hoch, bei der die Erwachsenen ebenso wie die Kinder – von meinem mit Rauschebart als Nikolo verkleideten Schwager – mit viel Witz gelobt und getadelt wurden. Unsere Söhne besuchten noch einige Jahre die Biberkor-Montessorischule in Höhenrain, in der ich fast alle meiner heutigen engen Freundinnen kennenlernte. Irgendwann wurde die Verbindung loser und wir orientierten uns neu. Gerade in jüngster Zeit gibt es aber wieder mehr Kontakt und ich schätze sie nach wie vor sehr.

Es gibt aber eine, die mich durch diese Krise so großartig begleitet hat wie keine andere und das ist: Verena. Ich lernte Verena vor zehn Jahren kennen, als ich für eine Schul-Theateraufführung einen „Thron" suchte und Verena mir anbot, bei ihr vorbeizukommen: „Ich habe das Haus voller Möbel. Komm und such dir was aus." Sie ist großzügig, und das nicht nur in puncto Möbelleihgaben. Auch in puncto Zeit, Anteilnahme und ihrem echten Interesse an anderen Menschen. Sie verwaltet einen großen Hof mit vielen Parteien, ist im Gemeinderat engagiert, verheiratet, dreifache Mutter und nebenbei auch noch Ärztin. Eingebunden in eine Großfamilie und umgeben von sehr vielen Menschen, führt sie genau das Leben, von dem ich immer geträumt habe – geerdet, verwurzelt und sicher. Ihr selbst ist es manchmal zu viel, diese Mittelpunktposition, wenn sich alle an sie wenden und sie oft im Dauereinsatz ist, weil sie entweder als Ärztin oder als Verwalterin oder als Mutter oder als Gemeinderätin eigentlich permanent bequatscht wird, aber ich – das weiß ich – fände genau das herrlich.

Unsere Freundschaft ist langsam gewachsen. Anfangs fuhren wir gemeinsam mit unseren Kindern in die Ferien, und seitdem sie erwachsen sind, haben wir zu zweit viele sehr schöne Reisen unternommen. Ihr tiefes und ehrliches Interesse an meiner künstlerischen Arbeit und mein Interesse an der Medizin verbindet uns auf vielen Ebenen. Und die Nähe, die wir zueinander haben, ist natürlich in dieser Zeit der Krise noch viel tiefer geworden. Sie ist auch in den schwierigsten Phasen nicht von meiner Seite gewichen und hat viel Zeit und Liebe investiert, um mir zu helfen. Dass man jemanden trifft, mit dem es solche Freude macht, sich auszutauschen, und mit dem man nicht müde wird zu reden ist ein großes Geschenk. Es hilft so sehr, sich mitteilen zu können! Verenas Geduld ist legendär. Sie hielt mich fest und tröstete mich, als ich alle meine Filmprojekte absagen musste. Sie war es, die ihr Handy nachts anließ, wenn es mir so schlecht ging, dass ich nicht wusste, wie ich die Nacht überstehen sollte. Sie hörte zu, gab Tipps, half, die Dinge voranzubringen, und kam, wenn ich sie brauchte. Sie war einfach da, fast immer und in diesen Krisenmonaten fast rund um die Uhr.

Zwischendurch haben wir einen solchen Spaß, dass wir darüber diese dunkleren Zeiten vergessen. Gerade erst vor kurzem auf unserer Hütte in Tirol, dem legendären „Zimperer". Ein Bauernhof auf 1.200 Meter Höhe im Zillertal, den wir gepachtet haben. Diese Frau kann alles: Verena fährt wunderbar Auto, heizt ein, hackt Holz. Kocht fantastisch, ist geschickt und geduldig, wenn's darum geht, etwas zu Ende zu führen. Beispielsweise baute sie einmal mein Ikea-Bett in Wien für mich zusammen und hörte nicht auf, bevor nicht die letzte Schraube an Ort und Stelle saß. Dauer: viereinhalb Stunden. Für mich ungeduldigen Menschen zutiefst faszinierend. Auf Festen verwandelt sich diese eher zurückhaltende und feine Frau innerhalb kürzester Zeit zu einem Feger und reißt, wenn man nicht aufpasst, alle mit, die sich nicht rechtzeitig an ihren Sesseln festhalten. Niemand würde ihr das auf den ersten Blick ansehen, wenn sie sanft lächelnd in ihren Gummistiefeln vor einem steht, um die Schweine füttern zu gehen. Stille Wasser sind tief. Ich möchte ihr und ihrem Mann an dieser Stelle von Herzen danken für die vielen Tage, Nächte und Stunden, in denen sie mir in meiner Not ihr Haus geöffnet haben.

Und manchmal stelle ich mir vor, dass wir auch als Großmütter noch irgendwo sitzen, Gin Tonic trinken und warten, bis die richtige Musik kommt. Und dann wehe allen, die sich uns auf dem Weg zur Tanzfläche in den Weg stellen!

Das einzig Gute an den letzten Jahren ist der Umstand, dass ich meine Freundinnen und Freunde von einer teileweise ganz neuen Seite kennenlernte. Von einer mitfühlenden, kompetenten und erstaunlich erfahrenen Seite. Es überraschte mich, wie oft als Antwort auf meine Klage: „Es geht mir so schlecht wie, glaube ich, noch nie" ein lächelndes „Kenn ich gut!" folgte. Das brachte mich doch zum Nachdenken, warum ich nichts von der Krise meines Gegenübers mitbekommen hatte. Ich entdeckte also, dass beinahe alle guten Freunde schon einmal diese tiefen Täler durchschritten hatten, ehe sie die Gipfel erklommen, auf denen sie zumindest jetzt stehen und von denen sie herunterwinken. Fast bei allen lösten Trennung, Krankheit oder Tod die Krise aus oder bedingten sich gegenseitig. Ich bin unendlich dankbar für die Liebe und Zuwendung, die ich in den letzten Monaten von meinen Freundinnen und meiner Familie erfahren habe. Ich werde sie zurückgeben. Und trotzdem das nächste Weihnachten und Silvester wieder mit der mir eigentlich zutiefst innewohnenden Lebenslust und Leichtigkeit begehen. Indianerehrenwort! – wie mein Vater zu sagen pflegt.

Mein
Leben
für
die Bühne

Ich liebe meinen Beruf. Er ist Heimat für mich. Wenn ich spielen darf, bin ich frei und stark und ganz bei mir. Dass ich nun zum ersten Mal seit meinen kinderbedingten Pausen ein gutes Jahr nicht spielen konnte, war furchtbar. Ich habe es vermisst, alles, was rund um meine Arbeit stattfindet, vor allem aber das Spielen selbst. Ich habe es vermisst, mich zu verwandeln und mich mit meinen Partnern und dem Team auszutauschen. Drehen heißt immer auch, dass man für ein paar Wochen eine neue Familie hat, innerhalb derer man sich auseinandersetzt, streitet, versöhnt, sich annähert, verstehen lernt, konstruktiv reibt und dabei doch auch viel Spaß hat. Eine Familie, die einen hält. Für eine gewisse Zeit zumindest.

Wenn ich spiele, legt sich für mich ein Zauber auf die Welt, dann wird alles schöner, leichter und rosiger, dann steht die Zeit still. Ich spiele für mein Leben gern. Am liebsten mit guten Kolleg:innen und unter guten Regisseur:innen, aber zur Not auch ohne. Ich liebe einfach den Akt des Drehens an sich. Oder des Theaterspielens. Beim Drehen ist es das frühe Starten, oft mit netten Fahrer:innen, die einen abholen, dann die Stunde in der Maske, in der man einen heißen Kaffee serviert bekommt und sich mit der Maskenbildnerin über die Geschehnisse des letzten Abends austauscht, während man frisiert und geschminkt wird. Die erste Probe am Tag, das Begrüßen der anderen, das „Verkabelt werden" durch den Tonassistenten. Ich mag den ersten Take, das „Miteinander warm werden", den ersten Kontakt mit dem Kameramann, der Kamerafrau. Die Arbeit an der Szene mit dem Regisseur oder der Regisseurin und den Kolleg:innen. Nach dreißig Jahren ist die Arbeit vor der Kamera ein vertrautes Terrain und ich fühle mich angekommen, wenn ich spiele. Das ist ein schönes, warmes Gefühl, nach dem ich mich in meinem Privatleben manchmal sehne. Angekommen Sein an einem Punkt, an dem das Leben für diesen Moment sinnvoll und warm ist. Ich vergesse meine Sorgen beim Spielen, und wenn eine Szene richtig gut läuft, dann ist das wie ein Glücksrausch für mich, aus dem ich mich nie wieder befreien will.

Am Theater besteht der einzigartige Zauber in der Begegnung mit dem Publikum. Der Geruch hinter und auf der Bühne, das Lampenfieber, ehe der Vorhang aufgeht und die Vorstellung beginnt. Die gespannte Stille, in die man hineinspricht, die tiefe Glückseligkeit, wenn man merkt, wie die Menschen im Zuschauerraum dem folgen, was man liest oder spielt, und sie offen dafür sind, sich begeistern und mitreißen zu lassen. Wie sagte Romy Schneider einmal: „Beim Spielen kann ich alles – im Leben nichts." Ganz so dramatisch ist es bei mir nicht, aber ich verstehe nur zu gut, was sie meint. In meinem privaten Leben tue ich mir manchmal schwer, einen verlässlichen Ort der Geborgenheit zu finden. Der ist da, wenn ich mit meinem Mann in den Bergen bin oder mit meinen Söhnen am Küchentisch sitze, der ist da, wenn ich mit Verena Auto fahre und zum ersten Mal auf der jeweiligen Reise das Meer sehe. Oder wenn ich mit Gwendolin in einen eiskalten Bergsee in Tirol hüpfe oder ich mit meinen Eltern singe ... aber beim Arbeiten fühle ich mich eben fast immer geborgen und nicht nur hin und wieder, und das macht es so schön.

Beim Arbeiten hatte ich auch kaum je Probleme mit Nervosität oder Angst und konnte meist leidenschaftlich und lustvoll einsteigen, um am Ende der Dreharbeiten zufrieden und erschöpft auszustcigcn. Kaum etwas quälte mich wirklich. Gut, ich mag keine Nachtdrehs, die bringen nicht nur den Schlafrhythmus durcheinander, sondern verursachen oft Stress auf mehreren Ebenen. Aber in den letzten Jahren hatte ich kaum mehr welche. Und Kostümproben kann ich auch nicht leiden. Weil oft erstmal nichts passt. Davon abgesehen habe ich einfach mit Freude viele Jahre lang viel gearbeitet und jahrelang einen Film nach dem anderen gedreht. Ich war „extrem fleißig", würde meine Mutter sagen, „getrieben", mein Mann. Ich war einfach Workaholic und konnte das mit den Kindern gut vereinbaren, mithilfe meines Mannes, meiner Großfamilie und großartiger Babysitter:innen.

Das einzig Unbequeme am Dasein als freischaffende Schauspielerin: Nichts lässt sich planen, alles kann sich von jetzt auf gleich ändern. Das ist anstrengend und manchmal zermürbend. Auch für den Partner. So mussten wir beispielsweise unsere Hochzeit damals kurzfristig vom goldenen September auf den eisigen November verschieben, weil die Dreharbeiten zu meinem ersten Kinofilm dazwischenkamen. Der Partner einer Schauspielerin muss aushalten können, dass immer aufs Neue irgendetwas wichtiger ist als er – Filme, Einladungen, Empfänge, Preisverleihungen. Anfangs ging mein Mann noch mit, aber bald schon strengten ihn die Veranstaltungen an und er blieb lieber daheim. Auch weil er die Erfahrung machen musste, dass Kolleg:innen ihn am Tag nach der Veranstaltung, auf der wir uns mit ihr oder ihm unterhielten, bereits nicht mehr (er)kannten. Im Nachhinein bedaure ich, dass mir früher manchmal die Sensibilität dafür fehlte, wie schwierig das für ihn war. Gerade war er allerdings zum ersten Mal überhaupt volle zwei Wochen an meinem

Drehort dabei, er hat das Team und meine Kolleg:innen in Korsika kennengelernt und wurde herzlich aufgenommen. Jetzt, wo kein Kind mehr zu Hause wartet, tun sich für uns gänzlich neue, spannende Möglichkeiten auf, gemeinsam Zeit zu verbringen, und das ist schön.

Aber zurück zum Beruf der Schauspielerin. Ein nicht zu unterschätzender Aspekt ist, dass man ihn kaum von sich als Person trennen kann. Absagen sind persönliche Niederlagen und das Selbstbewusstsein schwankt von Tag zu Tag. Bekomme ich ein Lob, schießt mein Adrenalin in die Höhe, ernte ich eine schlechte Kritik, erlebe ich jedes Mal einen kleinen emotionalen Absturz. Erhält man ein gutes Angebot, gehört einem die Welt, kriegt man eine Absage, versinkt alles im grauen Nebel. Auch nach so vielen Jahren ist nichts selbstverständlich und alles kann sich jederzeit ändern. Anfragen, Absagen, himmelhochjauchzend, zu Tode betrübt. Wenn es bei einem Casting nicht klappt, fühle ich mich wie ein Schulkind, das „einen Fünfer" – wie es in Österreich heißt – nachhause gebracht hat. Auch wenn es dann beschwichtigend heißt, die Konstellation mit dem Partner habe leider nicht gepasst, bleibt die Enttäuschung über die Ablehnung. Wenn ich darüber nachdenke, wie ich die vielen kleinen und größeren Frustrationen in all den Jahren wegstecken konnte, ohne bitter zu werden, kann die Antwort nur lauten: weil der Erfolg, das Glück, der Spaß und die Befriedigung in diesem harten Business letzten Endes doch immer überwogen haben.

Das Spielen verändert sich mit den Jahren, es vertieft sich, man wird wählerischer und klarer. Mit wem möchte ich arbeiten? Welche Stoffe interessieren mich? Mache ich wieder ein

Stück am Theater? Wie geht es weiter? Ich weiß jetzt bereits sehr genau, dass ich gerne bis ins hohe Alter spielen möchte. Das ist so wunderbar an diesem Beruf, dass das möglich ist.

Manchmal denke ich darüber nach, wie es wäre, die Seiten zu wechseln und Regie zu führen. Ich habe schon viele Regisseure an der Führung der Schauspieler scheitern sehen und natürlich drängt sich in solchen Situationen der Gedanke auf: „Das könnte ich besser!" Aber das Regieführen ist ein schwieriges und komplexes Terrain, vor dem ich großen Respekt habe. Es umfasst bei weitem mehr als „nur" die Schauspielführung und ich bin mir nicht sicher, ob ich beispielsweise auch die Auflösung einer Szene – also die Entscheidung, wie viele und welche „Einstellungen" gemacht werden – beherrschen würde und ob ich wirklich die ganze Verantwortung für ein Projekt stemmen könnte. Aber was auch immer in den nächsten Monaten und Jahren auf mich zukommt: Ich bin offen, neugierig und dankbar.

Die Liebe zu diesem Beruf verändert sich. Wie jede in die Jahre gekommene Liebe fordert sie einen immer neu, aber sie brennt nach wie vor lichterloh. Und wird, so vermute ich, bis zu meinem Lebensende kräftig weiterlodern.

****

Als es mir besonders schlecht ging, träumte ich mir immer wieder den Ablauf eines Drehtages herbei: 6.15 Uhr, der Wecker klingelt. Herrlich! Gleich werde ich abgeholt. Mein Herz hüpft. Denn für mich gibt es nichts Schöneres als die festgelegte Struktur eines Drehtags. Gut. Fast nichts. Weil

90

ich es herausfordernd finde, meine Tage selbst zu planen, schätze ich den „Stundenplan", nach dem am Set gearbeitet wird, umso mehr. Ein Drehtag ist anhand der sogenannten Disposition komplett durchgeplant. Das „Callsheet", wie es die Amerikaner und Engländer nennen, die „Dispo" für uns, listet für die Crew alle wichtigen Aktivitäten und Details des jeweiligen Tags auf. Also Uhrzeit, Ort, Dauer, Besonderheiten, die es zu beachten gilt. Ob ein Rauchverbot herrscht, ob man auf empfindliche Böden achten muss, wo Parkmöglichkeiten vorhanden sind, und natürlich ganz wichtig: wo und wann die Mittagspause eingetaktet ist. Und für uns Schauspieler:innen: Wann wir abgeholt werden. Oder wann wir „abgedreht" sein müssen, weil unser Zug oder unser Flug wartet. Diese „Dispos" teilen meinen Drehtag ein und ich surfe auf ihnen durch die Stunden des Tages.

Ich stehe sehr früh auf, trinke Kaffee oder nehme ihn manchmal im Hotel „to go" mit. Entweder werde ich von einem Produktionsfahrer abgeholt oder ich fahre je nach Stadt und Drehort selbst ans Set, wie bei „Zimmer mit Stall". Dann tauche ich erst einmal für rund eine Stunde in der Maske unter, wo mir ein kleines Frühstück und der zweite Kaffee serviert wird. Meist komme ich gut gelaunt aus dem Maskenmobil, weil diese Zeit sehr gemütlich und herzlich ist. Wenn ich die Hauptrolle spiele, habe ich ein Mitspracherecht in Sachen Maskenbildnerin. Im Idealfall steht mir also eine erfahrene Maskenbildnerin und Freundin zur Seite, mit der sich die Unwägbarkeiten des Lebens in aller Früh besprechen lassen. Sie hört zu, nimmt Anteil und widmet sich mir mit ihrer ganzen Aufmerksamkeit und Freundlichkeit. Was für ein wohltuender Luxus am Morgen! Und allmählich verwandelt sich die verknautschte Morgenvisage Schritt für Schritt in ein zumindest halbwegs aufgeräumtes Kameragesicht, die Haare sind gekämmt und haben plötzlich Volumen. Es folgen Make-up, Mascara, Lippenstift, und man staunt über diesen anderen Menschen, der die Maske schließlich verlässt. Im günstigsten Fall erwischt man durch die Verwandlung schon einen Zipfel der „Figur", als die man kurze Zeit später am Set vor die Kamera tritt und spielt. Ach, wie herrlich! Im Anschluss daran geht es „ins Kostüm", ich schlüpfe in meine Kleider und bespreche mit der Garderobiere, ob ich spezielle Wärmeunterwäsche oder Ähnliches benötige und welche Schuhe ich für die Proben anziehe. Haben die Schuhe einen höheren Absatz oder sind sie nicht warm oder bequem genug, ziehe ich sie erst zum Drehen an.

****

Natürlich ist am Set nicht immer alles eitel Wonne und leider sind nicht überall die Arbeitsbedingungen oder der Umgang miteinander so, wie man es sich wünschen würde. Nun, momentan ändert sich – endlich – etwas. Momentan bekommen Produktionen mehr Geld, wenn sie anhand zeitgemäßer Diversitätskriterien besetzen. Was meinen vielen guten Kolleg:innen, die klangvolle „undeutsche" Namen haben, endlich mehr Möglichkeiten bietet, in Deutschland und Österreich zu arbeiten. Kolleg:innen, die jahrelang kaum Jobs erhielten und sich gnädig zwischen Putzfrau, Taxifahrer und Drogendealer:in entscheiden durften. Auch mein Nachname hat anfänglich für Irritation gesorgt. Szyszkowitz. Mit der Betonung auf „o"! So hält es die Familie meines Vaters. Meine Mutter hingegen spricht den Namen durch, ohne

Betonung. „Szyszkowitz" nervt die Deutschen sehr viel mehr als die Österreicher:innen, die slawische Namen gewohnt sind. Ich wurde einst in Hamburg von einer Journalistin darüber aufgeklärt, dass sie, wenn sie sich aussuchen könne, über wen sie berichte, mich sicher als Allerletztes wähle. Weil sie einfach keine Lust auf das Buchstabieren dieses Zungenbrechers hätte.

So hieß es bei mir, als ich 1995 eine Kreditkartenbetrügerin im „Polizeiruf 110" spielte: „Kein Wunder, holen die für die Rolle eine Polin. Die unseren deutschen Schauspielerinnen noch die Arbeit wegschnappt!" Dabei spreche ich nicht mal Polnisch – es zu lernen gehört zu meinen Plänen für die nächsten Jahre – und habe leider auch keine familiären Beziehungen mehr nach Polen.

Es ist unfassbar, dass es im deutschen Sprachraum so lange gedauert hat, bis auch Kolleg:innen außerhalb des gängigen Normspektrums endlich selbstverständlich Ärztinnen und Anwälte spielen durften. Noch immer passiert das nicht exzessiv, aber immerhin habe ich jetzt in fast jedem Film zumindest einen nicht weißen Spielpartner oder eine Spielpartnerin.

Als ich 2000 „Das Sams" drehte, ploppte übrigens die Namensfrage noch einmal auf. Meine liebe Kollegin Eva Mattes schlug mir „Aglaia Kowa" vor. Sie meinte, es sei einfacher und kürzer und keine ganz neue Namensschöpfung. Aber es kam mir dann doch albern vor, mit zweiundvierzig und nach zwanzig Jahren in diesem Beruf, den Namen zu wechseln. Also beließ ich es dabei, auch weil ich Szyszkowitz immer mochte. Einerseits, weil er auf meine slawischen Vorfahren hinweist, andcrcrseits, weil er den „Witz" enthält, den ich für existenziell wichtig halte in diesem Leben.

Zum Lachen sind Dreharbeiten aber leider auch nicht immer, weil sie eine starke Hierarchie mit sich bringen. Ganz oben steht der Produzent oder die Produzentin, gefolgt vom Regisseur beziehungsweise der Regisseurin, danach schließen Kameramann oder Kamerafrau an. Wenn nun eine einzige Person all diese Funktionen auf sich vereint, wird es schwierig. Das kommt immer wieder vor und ist nur im seltensten Fall eine Wohltat. Regie ist eine Mammutaufgabe und ich fühle mich mit Abstand am wohlsten, wenn Regie und Kamera von zwei Personen übernommen werden. Wenn der Schauspieler im Regisseur ein aufmerksames Regulativ hat, jemanden, der ihn sieht und mit ihm arbeitet. Bis zu einem gewissen Grad kann jede/r Schauspieler:in sein/ihr Spiel selbst beurteilen, aber spannender finde ich es, wenn ein qualifizierter Blick von außen auf mir ruht und mich auf Ideen bringt, auf die ich so nie gekommen wäre.

Natürlich habe ich auch Erfahrungen mit Machtmissbrauch gemacht. Am Theater erlebte ich Despoten, die sich durch wüste Schreiereien und wahllose Beschimpfungen „auszeichneten". Am Filmset kommen Wutausbrüche bei den verschiedensten Menschen vor, am häufigsten jedoch bei – beinahe ausnahmslos männlichen – Regisseuren. Ich weiß sehr genau, dass in so einem Moment niemand wagt, den Mund aufzumachen. Man versucht einfach, sich aus der Schusslinie zu nehmen, und wartet ab, bis der Spuk vorbei ist. Wie gut und dringend notwendig, dass die #MeToo-Bewegung dazu geführt hat, dass so einem Verhalten heute zumindest ansatzweise Einhalt geboten wird. Und natürlich hatte auch ich Kollegen am Hoteltelefon – noch vor der Zeit der Smartphones – oder in einer ruhigen Ecke des Sets, die mir signalisierten: „Komm doch nachher noch auf mein Zimmer ...“ Ich fand das damals weniger bedrohlich als peinlich für den jeweiligen Mann. Selbstverständlich gab und gibt es aber unzählige Frauen, die solch ungewollte und unangebrachte „Anmachen“ sehr wohl als extrem unangenehm erleben, und ich finde es großartig, dass es inzwischen mit Themis, der 2018 gegründeten Vertrauensstelle gegen sexuelle Belästigung und Gewalt für Film- und Theaterschaffende, eine Anlaufstelle für Beschwerden gibt.

Schon seit langem bemühe ich mich auch, jüngeren Kolleginnen und Teammitgliedern konstruktiv zur Seite zu stehen, wenn sie negative Erfahrungen mit sexueller Belästigung oder Machtmissbrauch machen. Gerade in der Beziehung zu den vielen wunderbaren Mädchen und Frauen, die in den letzten Jahren meine Töchter gespielt haben, entwickelt sich oft ein großes Vertrauen, was ich sehr schön finde. Auch nach Ende der Dreharbeiten, die ich in Ermangelung einer eigenen Tochter dann immer besonders genieße, halte ich Kontakt und beobachte mit großem Interesse den Weg, den meine „Ex-Töchter“ einschlagen. Es ist nicht leicht, sich in dieser Branche zu halten, man braucht ein gutes Selbstbewusstsein und starke Unterstützer:innen.

****

Menschen lieben Romantik und heiße Liebesszenen. Aber für einen Schauspieler geht es dabei ans Eingemachte. Wenn ich in Filmen eine Kuss-Szene sehe, ertappe ich mich dabei, sie ganz genau zu analysieren: Küssen die sich wirklich? Schaut es appetitlich aus? Oder „faken" sie es gut? Ich verrate Ihnen ein Geheimnis: So sinnlich eine intime Szene im Film rüberkommen mag – oft ist das Drehen von Kuss- oder Liebesszenen eine mühsame, höchst komplexe Angelegenheit. Technischer, als Sie denken. Besonders prekär wird es, wenn sich Schauspieler:innen, die ein Liebespaar spielen, privat – im wahrsten Sinn des Wortes – nicht riechen können. Dann werden leichte, flirtende Szenen zu einem großen Problem, weil man trotz aller Professionalität Leichtigkeit und Flirt manchmal schwer herstellen kann.

Gerüche zum Beispiel spielen bei erotischen Szenen eine große Rolle. In der Regel rüsten sich die Maskenbildnerinnen mit starken Bonbons und Kaugummis, die Garderobieren zücken intensive Deoroller oder Sprays, weil der Duft des Partners oder der Partnerin existenziell wichtig für das Gelingen einer Szene ist. Gottlob waren meine Partner in den vielen Jahren meist gepflegte, oft humorvolle, feine und appetitliche Männer, mit denen das Zusammenspiel fast wie von selbst klappte.

Wir besprachen mit dem Regisseur, der Regisseurin, was er oder sie sich so vorstellt ,und dann taten wir, wie uns geheißen war. Wenn man den Partner mochte, war das eine schöne Sache. Küssen macht in der Regel ja durchaus Spaß, wenn man sich mag beziehungsweise im Idealfall auch halbwegs attraktiv findet.

Übermut, Triest im Frühling 2023

Humor gehört in unserer Familie einfach dazu, meine geliebten Eltern

Mit meiner Schwester Gwendolin

Mit Marcus auf der Hochzeit eines Freundes

Mit Verena an meinem 50. Geburtstag in Wien

Meine drei geliebten Männer

Mit Samuel und Frederic, 2015

„Zimmer mit Stall" mit Friedrich von Thun

Aus Partnertausch wird „Seitensprung mit Freunden",
Fritz Karl, Caroline Peters, Samuel Finzi, 2016

German Film Award 2018 in Berlin

„Zuckeroma" mit Bibiana Zeller

Bei der Radio Talkshow 3nach9 in Bremen

Mit meinen Kolleginnen Anna Schudt und Sophie von Kessel

Autogrammstunde zu „Die Wunderübung" mit
Daniel Glattauer, Michael Kreihsl und Erwin Steinhauer

Foto aus der Jungwirth-Ausstellung, 2018

„Die Wunderübung" in den Kammerspielen der Josefstadt, Wien 2015

Mit meinem lieben Freund John Malkovich in Wien

Bei der Romy-Verleihung in der Wiener Hofburg, 2018

Mit Regisseur und Freund Michael Kreihsl

Dieses Foto von meinem Lieblingsfotografen Christian Jungwirth mag ich besonders gern.

Ich lache einfach so gerne!

Mit Cousine Tessa an meinem 50. Geburtstag

Mit Michael Haneke bei der Filmpremiere „Die Wunderübung"

Als Schauspielerin lasse ich die Menschen in meine Seele schauen.

Natürlich haben alle aber immer einen Mordsrespekt vor Kuss- beziehungsweise Liebesszenen, weil diese Szenen schnell ins furchtbar Peinliche kippen können. Bei Kussszenen ist es wichtig, dass man sich vorher mit dem Partner oder der Partnerin einigt, was man genau tut. Küsst man mit oder ohne Zunge? Das ist zum Beispiel eine wichtige Absprache. Bei Liebesszenen, gerade wenn man dabei nackt ist, sind Vereinbarungen noch wichtiger. Ich hatte beispielsweise als junge Schauspielerin im Film „Buddies – Leben auf der Überholspur" (Regie: Roland Suso Richter) eine Liebesszene mit Jürgen Vogel, bei der meine Brust gezeigt werden sollte. Als ich sagte, dass ich das nicht wolle, fragte man mich, ob ich denn mit einem Bodydouble einverstanden wäre und man eben deren Brust filme. Das war für mich völlig in Ordnung und so wurde es dann gemacht. Mit Jürgen Vogel war es wunderbar zu spielen, weil er nicht nur ein guter Schauspieler ist, sondern auch völlig angstfrei. Sowohl bei der Liebesszene als auch bei allen anderen Szenen agierte er so herrlich authentisch, dass er mich mitzog und ich auch freier wurde. Bei einer Szene des Films liege ich auf der Motorhaube eines roten Porsche und hatte den legendären Satz: „Fick mich." Ich, immer noch im tiefsten Herzen katholisch erzogenes Provinzgirl, brachte diese zwei Worte nicht über meine Lippen. Ich wurde rot und wäre am liebsten auf der Stelle im Boden versunken … aber Jürgen rettete mich. Ich weiß leider nicht mehr, wie, aber er half mir so gut, dass ich sie dann doch irgendwie glaubwürdig rausbrachte. Und von diesem Zeitpunkt an konnte ich es.

Viele meiner Liebesszenen waren aber auch sehr lustig. Bei „Heute heiratet mein Mann" (Regie: Michael Kreihsl) stellte

der Michel dem Roland Koch und mir einfach einen Doppel-
liter Roten hin und sagte: „Trinkt den, dann küsst sich's
besser." So weit, so gut. Wir tranken und waren zu Beginn
der Szene dermaßen angeheitert, dass wir uns kaum mehr
aufrecht halten konnten. Ich musste aber nachts in dieser
Szene mit künstlichem Regen in hohen Schuhen die Bank-
reihen der „Jedermann"-Zuschauertribüne am Salzburger
Domplatz herunterklettern, um zu Roland zu gelangen. Für
diese Aufgabe war der Rotwein dann leider mehr als kontra-
produktiv ...

Oder im Bett mit Jan Josef Liefers im Film „Busenfreunde"
war ich im fünften Monat schwanger und hatte bereits ein
kleines Babybäuchlein und Jan war entzückend rücksichts-
voll und charmant ...

Bedroht oder stark verunsichert haben mich diese Szenen fast
nie. Oder habe ich das vergessen oder womöglich sogar verdrängt?

Eine wunderbare Neuheit bei erotischen Szenen sind soge-
nannte „Intimitätscoaches", die langsam auch im deutsch-
sprachigen Raum zum Einsatz kommen. Sie besprechen
heikle Szenen im Detail mit allen Beteiligten und klären
etwa, wann eine Hand wohin kommt, wo jemand berührt
werden will und was genau getan wird. Sie achten darauf,
dass sich die Wünsche der Regie mit dem, was die Schauspie-
ler:innen bereit sind zu machen, koordinieren lassen. Eine
meiner Freundinnen, Katja Weitzenböck, hat die Ausbildung
gemacht und mir davon erzählt. Selber hatte ich allerdings
noch keine Szene, die mit einem Intimitätscoach vorbereitet

werden musste. Leider käme der für mich etwas zu spät, denn meine Hochphase des Küssens lag zwischen fünfundzwanzig und dreiundvierzig. Seitdem nimmt die Küsserei traurigerweise beständig ab. Mehr und mehr Produktionen setzen mittlerweile auf diese Coaches, zuletzt etwa auch die MR Film bei den Dreharbeiten zu „Hades" (2023). Leider war aber auch da nicht ich die Küssende beziehungsweise Liebende, sondern meine wunderbare junge Kollegin Alma Hasun. Diese Coaches sind längst überfällig, sie schützen uns Schauspielerinnen in einer Branche, in der übergriffige und frauenverachtende Bemerkungen noch vor wenigen Jahren nichts Ungewöhnliches waren und sich das nur sehr langsam ändert.

Zurück zur Kusstechnik: Ich erinnere mich noch an Heino Ferchs – mein Partner in meinem ersten großen Kinofilm „2 Männer, 2 Frauen – vier Probleme!?" – sachliche Worte, als wir uns in einer schicksalhaften Szene am Strand küssen sollten: „Lass deine Zunge im Mund, niemand will das im Kino sehen." Bumm. Das hat gesessen. Vorbei mit meinem Romantik-Anflug. Das Gegenstück dazu waren Dreharbeiten, bei denen ein älterer Kollege ohne Vorwarnung beim ersten Take intensiv versuchte, mich mit Zunge zu küssen. Er entging knapp einer Ohrfeige, so wütend war ich. Heute wäre er ein Fall für die Themis. Aber damals fehlte völlig das Bewusstsein dafür, und an wen hätte ich mich wenden sollen? Ich dachte, es sei ein Problem zwischen ihm und mir und ich müsse da eben allein damit fertigwerden. Und ich weiß, dass auch jetzt noch viele Schauspielerinnen Scheu haben, bei der Beschwerdestelle anzurufen, weil sie „niemandem schaden wollen". Das ist aber falsch, weil wir einzig dadurch, dass wir uns wehren und die Personen beim Namen nennen, etwas verändern können.

Heute würde der Kollege hoffentlich anders handeln. Aber auch mein Selbstbewusstsein, mein Bewusstsein für Grenzüberschreitungen, hat sich seitdem entwickelt und ich würde ihm vielleicht wirklich erst mal eine Ohrfeige geben.

Küssen ist also kompliziert. Aber noch herausfordernder sind – wir können es uns denken: Sexszenen. Sie sind ein Riesenstress für alle Beteiligten und alles an Unsicherheiten und Ängsten, was im Schauspielerdasein ansonsten tapfer versteckt wird, kommt dabei ans Licht. Ich kenne niemanden, der sich nicht zu dick oder zu dünn oder zu behaart oder zu knochig oder zu pickelig oder zu verschwitzt fühlt, um vor der Kamera nackt zu sein. Das setzt enorme Ängste frei, insbesondere, wenn so intime Momente wie ein Orgasmus oder eine Selbstbefriedigung gezeigt werden sollen. Das ist alles sehr sensibel und heikel und muss mit großem Einfühlungsvermögen gebaut werden. Wie haben wir das so lange ohne die Hilfe eines Coaches geschafft?

Bei sehr intimen Liebesszenen wird im „Closed Set" gedreht – dabei sind dann nur jene Leute, die unbedingt erforderlich sind: der Kameramann/die Kamerafrau, der/die Kameraassistent:in, der/die Tonassistent:in. Weder der Regisseur/die Regisseurin noch der/die Beleuchter:in, noch sonst jemand ist in dem Raum. Trotzdem fühle ich mich bei solchen Szenen nicht wohl. Ich habe, wie die meisten Menschen, denke ich, eine Scheu, mich auszuziehen und nackt zu zeigen. Weil ich ungeschützt bin. Weil ich keinen durchtrainierten Körper habe. Weil ich mich geniere. Aber! Es geht, wenn ich darauf vertrauen kann, dass die Szene vorsichtig gefilmt und achtsam gedreht wird, man sich geschützt fühlt. Gerade im Spiel mit Licht und Schatten und Dunkelheit lassen sich sehr sinnliche Bilder gestalten … Wenn die Verantwortlichen wissen, was sie tun, können Liebesszenen zum Berührendsten werden, was ein Film zu bieten hat. Wunderbar gelungen fand ich eine Szene in „Einsatz in Hamburg", die ich mit Peter Simonischek spielte. Der Regisseur Stefan Wagner erklärte im Vorfeld genau, was er sich wünschte, und bot uns an, die Szene nach dem Dreh gemeinsam anzuschauen. Wir waren beide hüllenlos, er ließ es im Halbdunkel aber so behutsam filmen, dass man die Nacktheit erahnte, sie aber nicht ausstellte. Wir fühlten uns beschützt und sicher und hatten große Freude am Spiel. Überhaupt war Peter einer meiner absoluten Lieblingskollegen – so humorvoll, so warmherzig und so gut. Er ist viel zu früh abgetreten im Mai 2023 – ich vermisse ihn sehr!

Mit meinen „Liebes"-Kollegen scheine ich überhaupt Glück gehabt zu haben. Sie waren größtenteils wunderbar und mitunter hatten wir sogar Spaß dabei. Im Großen und Ganzen vertraute ich auf unser Zusammenspiel und lag damit immer richtig. Ich erinnere mich an eine Sexszene im Film „Der Tod in deinen Augen" von Micky Rowitz, in der ich mit Thomas Kretschmann in einem Boot im nächtlichen Hamburger Hafen zugange sein sollte. Ich stillte zu jenem Zeitpunkt – mein Sohn Frederic war fünf Monate alt und gemeinsam mit Tante Ilse am Set dabei – und Thomas hatte Verständnis für meine Situation, weil er selbst gerade Vater geworden war. Er hielt meinen „Stillbusen" einfach liebevoll und hochprofessionell mit beiden Händen fest, sodass er weder unvorteilhaft durchs Bild wackelte noch ich wegen des Milcheinschusses in Verlegenheit kam. Sexy war es nicht, aber unseren Kampf mit der Milch bekam niemand mit und im Film sah die Szene richtig gut aus.

Gut, manche Kollegen kleben sich für Sexszenen ihr Geschlecht ab, damit nichts blöd „herumschlenkert" oder es zu keiner ungewollten Erektion kommt und das ist schon etwas gewöhnungsbedürftig, aber ich verstehe es. So können sie sichergehen, dass der Kameramann diesen Körperteil nicht filmt. Auch keine Frau hält ihren Busen oder ihren Popo gern ungeschützt in die Kamera.

Denn trotz aller Erfahrung: Nacktsein ist eine Herausforderung. Und stellte für mich jahrelang ein großes Problem dar. In der Schauspielschule vermied ich zwei Jahre lang erfolgreich die Gemeinschaftsdusche nach dem Fechtunterricht. Es war mir peinlich, mich vor den anderen auszuziehen. Und wenn ich doch einmal eine Nacht mit einem Mann verbrachte, achtete ich darauf, dass er mich nicht hüllenlos erblickte. Es ist und bleibt nicht einfach. Andreas Dresen hat das in „Wolke 9" thematisiert und Ulrich Seidl in vielen seiner Filme. Die Nacktheit von Menschen, die nicht mehr jung und gertenschlank sind. Wir geraten in der Betrachtung dieser Körper in einen Konflikt. Ist es gut und richtig, sie zu zeigen? Stößt man dabei an persönliche Grenzen, ist es „zu viel"? Eine heikle Frage, auf die es keine eindeutige Antwort gibt. Und die sich in diesem Beruf auch mir noch öfter stellen wird.

Manchmal werde ich gefragt, was ich jungen Kolleg:innen rate. Meine Antwort lautet stets: das Handwerk gut und ernsthaft lernen! Eine gute Schauspielschule, am besten eine der renommierten staatlichen, und dann Theater spielen. Dabei lernt man alles. Körper und Stimme einzusetzen, Rhythmus und Bögen zu halten. Körperspannung. Präsenz. Und die Verwandlung! Existenziell wichtig in dem Job. Gerade bei den Klassikern trainiert man das. Eine Maria Stuart fordert eine Körperhaltung und eine Sprechtechnik, die sich eben von der privaten Alltagssprache unterscheidet. Ich erlebe es immer wieder bei jungen Kolleginnen, die nie Theater gespielt haben und direkt mit dem Drehen begannen, dass sie eigentlich stets sich selbst in wechselnden Kostümen spielen. Das kann am Theater nicht passieren, weil allein der Umgang mit Sprache so herausfordernd und lehrreich ist, dass man förmlich in eine andere Rolle gezwungen wird. Wer sich auf einer großen Bühne behauptet, schafft das meistens auch vor der Kamera. Je besser man die Technik des Schauspiels beherrscht, desto weniger ist man angreifbar.

Meine eigenen Theaterjahre waren zwar wenig ruhmreich, aber auch ich habe immens viel gelernt. Die Zusammenarbeit mit einem Regisseur oder einer Regisseurin kann sehr schön, aber auch sehr schwierig sein und gerade als Anfängerin habe ich da auch unglückliche Erfahrungen machen müssen. Grenzenlos verunsichert wurde ich beispielsweise als „schöne Helena" in „Faust II" am Stadttheater Münster im Jahr 1993. Der Regisseur hatte mich, die junge, unerfahrene Schauspielerin, wochenlang in eine Richtung geführt, die er kurz vor der Premiere infrage stellte. Ich sehe mich noch hinter dem Plastikvorhang auf der Bühne stehen und

mir selbst kein Wort glauben. Grauenvoll. Aber genau das erleben viele junge Kolleg:innen. An die „Rocky Horror Picture
Show" in Münster denke ich hingegen sehr gerne zurück,
denn ich durfte die anspruchsvolle Rolle der „Janet" singen –
ungewöhnlich für jemanden ohne Gesangsausbildung. Aber
ich kämpfte darum, diesen Part zu ergattern, weil ihn sonst
fast nur ausgebildete Sängerinnen sangen, und hatte bei der
Produktion einen unfassbar großen Spaß. Eine holländische
Liveband begleitete uns und ich hatte große Freude am Singen und Tanzen. Wenn ich zu tief sang, deutete mein ameri-
kanischer Partner Timothy unauffällig mit den Händen nach
oben, bis der Ton wieder stimmte. In dieser Zeit entdeckte
ich meine Liebe zur Komödie, zum Schrägen und Schrillen,
was eine willkommene Abwechslung zu Goethe und Horváth
und Aischylos war.

In den drei Engagements in Krefeld, Würzburg und Münster
lernte ich den Umgang mit Text, der Kolleg:innen ohne ent-
sprechende Ausbildung oder solchen, die nie Theater gespielt
haben, manchmal fehlt. Ich möchte diese Jahre nicht missen
und fühlte mich in allen Häusern gut beheimatet. Eine feste
Anstellung gibt Sicherheit in einer sich ständig wandelnden,
unsicheren Branche. Ich konnte viel ausprobieren und habe
mit Rollen wie der Karoline in „Kasimir und Karoline" (Ödön
von Horváth) oder der Viola in Shakespeares „Was ihr wollt"
und vielen mehr wertvolle Erfahrungen gesammelt. Nach
fünf Jahren wurde es mir trotzdem zu eng am Theater. Ich
ärgerte mich über die Willkür der Intendanten und die Ab-
hängigkeit von ihrer Gunst. Es gab wohl einzelne Regisseure,
die mich schätzten, wie Hermann Molzer, mit dem ich das
Gretchen in „Mein Kampf" von George Tabori erarbeitete,

oder die Karoline in „Kasimir und Karoline", oder Meinhard Zanger, bei dem ich sehr erfolgreich die „Ida" in „Lauf doch nicht immer weg" spielte – aber so richtig froh machte mich das Theaterspielen an diesen Stadttheatern schon bald nicht mehr.

Ich hatte mich wiederholt für Kolleg:innen, denen überraschend gekündigt wurde, eingesetzt, und dann ereilte mich das gleiche Schicksal. Was mich nicht störte, weil ich ohnehin dabei war, mit Marcus nach Hamburg zu ziehen und zum Film zu wechseln. Und so beendete ich meine Theaterkarriere 1995 fürs erste, um sie erst viele Jahre später, als ich mit Michael Kreihsl „Gut gegen Nordwind" für die Komödie im Bayerischen Hof in München erarbeitete, wieder aufzunehmen. In Hamburg fand ich eine Agentur und begann 1995, für das Kino und das Fernsehen zu arbeiten. Was für eine willkommene Freiheit das war, selbst bestimmen zu können, ob ich mit jemandem arbeiten wollte – oder eben nicht!

Dieses andere Arbeiten vor der Kamera gefiel mir von Anfang an, weil man hier feine, kleine Akzente setzen kann, die auf der Bühne untergehen würden. Ich hatte das Glück, gleich 1996 eine große Kinohauptrolle übernehmen zu können, die mir den Weg zu einer sehr guten Agentur und damit den Weg in die Fernseh- und Filmwelt ebnete. Bei Carola Studlar, meiner wunderbaren Agentin, bin ich immer noch, wir gehen auf das dreißigste Jahr zu! Was für eine beachtliche und auch beruhigende Beständigkeit in einem so unsteten Geschäft.

Einem steten Wandel hingegen sind die Methoden unterworfen, mit denen Schauspieler:innen ihre Rollen erarbeiten. Die unterschiedlichen Techniken meiner Kolleg:innen faszinieren mich, jede und jeder einzelne arbeitet anders. Gerade gibt es einen großen Run auf die US-amerikanische Schauspiel-Trainerin Ivana Chubbuck und ihr spannendes Programm, mit dem ich mich derzeit intensiv auseinandersetze. Dabei geht es darum, die eigenen – auch schmerzvollen – Emotionen nicht nur zu fühlen und sich ihnen auszuliefern, sondern diese Gefühle machtvoll einzusetzen und ihre Kraft steuern zu lernen. Hollywoodstars wie Jared Leto oder Charlize Theron nutzen ihre Methode. Letztere gehört ebenso wie Meryl Streep, Juliette Binoche und Cate Blanchett zu meinen größten weiblichen Vorbildern. Alle vier sind Ausnahme-Schauspielerinnen und verwandeln sich ein jedes Mal für ihre Rollen. Charlize Theron hat für „Monsters" über zwanzig Kilo zugenommen, Meryl Streep nahm für ihre Rolle als Florence Foster Jenkins – eine miserable Sängerin – monatelang Gesangsunterricht und Juliette Binoches Performance in „Die unerträgliche Leichtigkeit des Seins" werde ich nie vergessen, weil sie mich so berührt hat. Cate Blanchett war als Dirigentin im Frühling 2023 mit „Tár" in den Kinos zu bewundern und ich musste den Film unbedingt sehen – auch, weil eine Musikerin zu spielen für mich die absolute Traumrolle wäre. Doch viele Wege führen nach Rom, auch mit dem „Zehnerblock" von Schauspielcoach Sigrid Andersson komme ich sehr gut zurecht, damit – und mit der wunderbaren Sigrid selbst – habe ich alle meine letzten Rollen erarbeitet. Ihre Methode unterstützt einen dabei, eine Rolle eigenständig vorzubereiten. Das System gibt einem konkrete Werkzeuge an die Hand, zum Beispiel gezielte Fragen, um einer Figur Tiefe und Vielschichtigkeit einzuhauchen.

Die Interpretation einer Rolle ist im besten Fall das Ergebnis einer Auseinandersetzung zwischen Schauspieler und Regisseur, die geraume Zeit vor Beginn der Dreharbeiten begonnen hat. Vielleicht gab es sogar Proben, um herauszufinden: Was für ein Mensch ist das? Wie spricht er, wie bewegt er sich, was ist seine größte Angst, was seine größte Hoffnung, was blieb unbewältigt? Es ist ein gemeinsames Suchen. Was will der Regisseur oder die Regisseurin, deckt sich das mit meiner Vorstellung der Rolle? Führung ist für Schauspieler essenziell. Eine Schauspielerin muss verstehen, was der Regisseur möchte und erwartet, damit sie es umsetzen kann. Leider habe ich oft die Erfahrung gemacht, dass Regisseure Schauspieler:innen aber überhaupt nicht führen und auch nicht formulieren können, was sie wollen – oder es womöglich gar nicht genau wissen. Also die schlechten Regisseur:innen. Die guten Regisseur:innen haben sehr wohl eine genaue Vorstellung und können sich auch verständlich machen. Der Zeitdruck ist aber enorm und den Regisseur:innen bleibt vor Ort meist wenig Zeit, genau zu arbeiten. Von Vorteil ist es da, wenn man sich bereits gut kennt, dann gestaltet sich der Prozess des gegenseitigen Verstehens einfacher und schneller. Oder man sich Zeit für Proben nimmt!

Zeit hilft bei all dem sehr. Kinofilme werden in der Regel länger vorbereitet und nachbearbeitet, das ist aber letztlich eine Budgetfrage. Sehr gerne würde ich mehr fürs Kino arbeiten, es ist nun einmal die Königsdisziplin und ich kenne kaum jemanden aus der Branche, der sich nicht – zumindest heimlich – danach sehnt.

Leider gibt es nicht im gleichen Ausmaß großartige große Rollen wie gute Schauspielerinnen. Das führt zu einer demütigenden „Warteposition", in der frau unter Umständen das ganze Jahr sehnsüchtig auf das Handy starrt und auf den einen lebensverändernden Anruf hofft. Aber! Kluge Frauen beginnen zunehmend, selbst zu schreiben. Zu entwickeln, Konzepte zu erarbeiten und auch Regie zu führen. Frauen übernehmen mehr und mehr Verantwortung, indem sie mitproduzieren. Frauen mischen sich ein, entscheiden mit.

Auch mein Selbstvertrauen in diesem Business ist mit den Jahren sukzessive gewachsen. Früher galt mir Harmonie als oberste Priorität, heute wage ich mich auf disharmonisches Gelände, wenn ich von einer Sache überzeugt bin und mein Gegenüber nicht. Während dieser Wochen, die wir als Filmteam miteinander verbringen, gibt es naturgemäß mitunter auch Spannungen und Konflikte, wir arbeiten – leider – fast immer unter immensem Zeitdruck und jede Abteilung kämpft um Raum und Akzeptanz. Nur um das zu veranschaulichen: Die Tonabteilung hat es oft schwer, wenn es heißt, „Bild vor Ton". Mit dem Argument, dass das Licht sich verändert oder ganz weggeht, muss sie warten und der Kamera den Vortritt lassen. Wenn der Tonmeister dann endlich einen Timeslot für seine Arbeit erhält, dröhnt gerne ein Flugzeug über das Set, jault ein Rasenmäher oder kreischt eine Motorsäge, oder es beginnt nebenan jemand lautstark zu telefonieren. Man ahnt nicht, welche Störquellen so eine Tonaufnahme beeinträchtigen können.

Störfaktoren sind manchmal auch schlampig geschriebene Dialoge. Oft ist es dringend notwendig, sie zu überarbeiten, weil leider immer wieder mit unfertigen Drehbüchern ein Film gestartet wird und man sich darauf verlässt, dass „die Schauspieler das Ding schon retten werden". Wenn Regie und Schauspieler:innen an einem Strang ziehen, funktionieren geänderte Dialoge meist sehr gut. Schwierig wird es, wenn man sich mit der Regie nicht auf einen Dialog einigen kann und es dann darum geht, wessen Version gesprochen wird. Das habe ich allerdings nicht oft erlebt, meistens werden meine Änderungsvorschläge dankend angenommen. Die Drehbuchautor:innen trifft dabei übrigens wenig Schuld, die Bücher sind nicht per se schlecht. Weil es Jahre dauern kann, bis sie einen Stoff verkaufen, sind sie häufig gezwungen, unter großem Zeitpunkt zu liefern und mehrere Bücher parallel zu entwickeln. Auch ich habe übrigens ein Drehbuch in der Schublade liegen, das ich vor Jahren geschrieben, aber noch keiner Produktionsfirma geschickt habe.

Fakt ist: Sprache hat ihre eigenen Gesetze. Michael Kreihsl, mein Freund sowie Leib- und Magenregisseur, sagt immer: „Dialoge sind wie die Partitur eines Musikstückes." Man muss das gesamte Repertoire an Möglichkeiten und Nuancierungen von Sprache nutzen. Pausen und Rhythmuswechsel, Betonung und Spiel mit der Lautstärke. Jedes falsch gesetzte Zeichen bringt das gesamte Konstrukt zum Einsturz. Wie spricht man eine Pointe? Gerade in Komödien braucht es bei den Dialogen viel Sprachgefühl. Oft sehe ich schon beim ersten Lesen eines Drehbuchs viele Sätze, bei denen ich weiß, die werde ich so nicht sagen. Meist wird zu viel ausgesprochen. Zu viel gequatscht. Da lässt sich in der Regel einiges „einstreichen". Natürlich gibt es auch Produktionen mit tollen Drehbuchautor:innen, die sehr genau arbeiten. Beim „Sams" etwa war der Autor Paul Maar bei der Leseprobe anwesend und hörte sofort, wenn Dialoge noch verändert gehörten. Weil es eben etwas anderes ist, ob Schauspieler die Dialoge sprechen oder sie nur am Papier existieren. Wenn ich eine Vorstellung von einer Figur habe, weiß ich auch, wie diese Figur spricht und sich bewegt und wie ich eine Szene in dieser Figur spielen möchte. Neben den Dialogen betrifft das genauso das Kostümbild. Ich ziehe keine Kleidung mehr an, in der ich mich nicht wohlfühle. Um vor die Kamera zu treten, muss man sich sicher fühlen. Nur wenn man sich selbst glaubt, tun das auch die Zuschauer. Und wenn ich ein Kostümteil trage, das nicht zur Figur passt oder das zwickt oder spannt- dann behindert mich das. Aber nicht nur in puncto Kostümbild gibt es Kämpfe.

Vorletztes Jahr beispielsweise geriet ich mit einem Produktionsleiter aneinander, weil ein Kollege eingespart werden sollte, der mit mir eigentlich eine Szene hatte, den der Produktionsleiter aber nicht für zwei Sätze anreisen lassen wollte. Eine Praxis, die sich leider in den letzten Jahren eingeschlichen hat. Ich solle mal schön mit der Regieassistentin vorliebnehmen, hieß es. Besagter Kollege war aber ein wichtiger Gegenspieler, und die Chemie ist vollkommen anders, wenn mich mein Gegenüber wirklich „anpflaumt" oder jemand den Text vom Blatt abliest. Ich kämpfte dafür, dass er eingeflogen wird. Natürlich kannst du dir als Schauspielerin alles vorstellen. Aber ich will meinen Partner spüren und ihm in die Augen schauen. Letztlich setzte ich mich an dem Tag nicht durch, bekam aber statt der Regieassistentin einen Schauspielschüler vorgesetzt, der mir die Sätze meines Kollegen zwar tapfer entgegenschleuderte, der aber eben auch nicht mein Kollege war. Oft ist der Beginn eines Films schwierig. Die Findungsphase kann langwierig sein. Die verschiedenen Abteilungen müssen sich erst kennenlernen und Vertrauen zueinander aufbauen. Und Schauspieler:innen und Regie müssen eine gemeinsame Sprache finden. Aber meist hat man sich nach ein paar Tagen zusammengerauft und dann macht die Arbeit Spaß! Arbeitszeit ist Lebenszeit und bei den Schauspieler:innen zieht sich die Arbeit oft auch in die Nächte, über die Wochenenden und massiv ins Privatleben. Und dann soll sie doch bitte nicht unglücklich machen.

Wovon ich heute zehre, habe ich mir in kleinen Schritten mit viel Disziplin aufgebaut. „Fleißig" nennen mich Journalisten, die über mich schreiben. Ich mag das nicht. Aber klar, ich war diszipliniert. Ich habe hart gearbeitet, war lange Zuhörerin, Statistin und Schülerin. Ich habe mich für alles interessiert, versucht, dazuzulernen und mich zu entwickeln. Und bei Misserfolgen nach den Gründen gesucht. Mein Vorteil war ein gewisses Talent, Rückschläge wegzustecken, weiterzukämpfen und unerschütterlich an mich zu glauben. Ich hatte großes Glück, oder habe mir vielleicht die Stufen in jungen Jahren so aus dem Stein gehauen, dass sie nun immer noch zu tragen scheinen. Ich kaum ausrutsche. Und immer wieder noch ein Stück höher klettere, manchmal auch auf allen vieren.

Mein Onkel Gerald Szyszkowitz lächelte einst milde, als ich durch die Aufnahmeprüfung am Reinhardt-Seminar flog und meinte: „Sei froh, Aglaia. Du ersparst dir etwas! Viele Schauspieler sind dumm und unglücklich!"

Das waren harte Worte für ein achtzehnjähriges Mädchen, das von diesem Beruf geträumt und alles darangesetzt hatte, in ihn einzusteigen. Heute verstehe ich ihn besser: Unglücklich sind wirklich viele in dem Beruf: fühlen sich verkannt, unterfordert, übersehen, nicht ausreichend geschätzt. Kommen mit den Regisseur:innen nicht zurecht, spielen zu kleine Rollen et cetera. Aber das mit dem „dumm" kann ich so nicht unterschreiben. Dumme Kollegen gibt es sicher, sind mir aber in den vielen Jahren kaum begegnet. Eitel: ja. Dumm: kaum.

Onkel Gerald schreibt mir heute immer wieder und kommentiert meine Arbeit. Meistens wertschätzend. Wenn ich auf ihn und seine Arbeit als ORF-Fernsehspielleiter angesprochen werde, freue ich mich immer. Er schrieb mit Axel Corti („Eine blassblaue Frauenschrift"), Peter Turrini und anderen Fernsehgeschichte beim ORF.

Lange Zeit erlebte ich in diesem Beruf ein ständiges Auf und Ab, wenngleich die guten Zeiten bei weitem überwogen. Ganz sicher darf man sich nie sein – doch momentan habe ich das herrliche Gefühl, an einem Punkt angekommen zu sein, an dem man mich nicht mehr einfach rausschmeißt oder umbesetzt. Nicht mehr ganz so leicht! Das war nicht immer so. Und damit bin ich eher die Ausnahme. Dieser Beruf ist eine lebenslange Liebe. Eine große, fordernde, tiefe. Eine, die Seitensprünge toleriert, längeres Fremdgehen jedoch übelnimmt und überraschend die Scheidung einreichen kann, wenn sie sich nicht mehr wertgeschätzt und geachtet fühlt. Eine, die sich bitter rächen kann, wenn man sie zu lange vernachlässigt! Sie ist erfüllend und leidenschaftlich und kann sehr, sehr befriedigend sein.

Dass ich Schauspielerin werde, stand keineswegs von Kindes-
beinen an fest. Aber es begann doch klassisch wie bei Millionen anderer kleiner Mädchen mit Schwarzweißfilmen, die
ich am Samstagnachmittag mit meinen Schwestern schaute,
wenn wir allein zu Hause waren. In diesen Filmen trugen
schöne Frauen tolle Kleider und schwebten durch prunkvol-
le Räume. Ich wollte gar nicht unbedingt spielen – ich wollte
in erster Linie diese Wahnsinnskleider tragen! Und die Männer, die ich da sah, küssen. Ich tauchte ein in eine andere Welt
und fand Gefallen daran, mich mit den Heldinnen zu identifizieren.

Als ich neun Jahre alt war, begann ich bei Erik Göller im Grazer Opernballett zu tanzen. Zum Vorstellungstermin in der
Oper kam ich mit meiner Mutter direkt vom Schlittschuh-
laufen am Thaler See und trug einen dicken Strickpullover.
Ich sehe Herrn Göllers zweifelnden Blick auf mir ruhen und
höre ihn sagen: „Na ja, da müssen wir erst einmal sehen, ob
das Sinn macht mit dir." Der strenge Herr fürchtete, ich sei
zu pummelig. Doch ich wurde aufgenommen. Ich war auch
nicht pummelig, sondern trug bei unserem Kennenlernen
einfach zu viele Schichten. Präsent sind mir seine weißen
Strümpfe: In der Ballettstunde zog er die Schuhe aus, um
uns zu zeigen, wie ein perfekt durchgestreckter Fuß auszusehen hat. Aber als wir nach zwei Jahren immer noch nicht
auf die Bühne der Grazer Oper durften, hörte ich mit dem
für mich ohnehin zu spaßbefreiten Unterricht auf. Nur um
wenig später zu erfahren, dass meine Ballettklasse im Herbst
die Regentropfen in der „Biene Maja" im Opernhaus tanzen
würde. Ohne mich! Das war hart.

Parallel zu den Ballettstunden unternahm ich erste Schritte als Schauspielerin in der Neigungsgruppe „Bühnenspiel" im Akademischen Gymnasium bei Prof. Gernot Haas. Da traten wir mit unserer Inszenierung des „Struwwelpeter" sogar im Orpheum auf. Leider brach ich mir eine Woche vor der Premiere den Mittelfußknochen und meine Cousine Eva musste bei der Premiere für mich einspringen. Ich durfte aber die zweite und dritte Vorstellung spielen. Und singen! War das schön! Ich stand dann mit Gipsfuß auf der Bühne. Noch heute habe ich den Geruch im damaligen „Haus der Jugend" in Graz in der Nase und erinnere mich an die Faszination, die die „Bretter, die die Welt bedeuten", auf mich ausübten. Die führte dazu, dass ich mich 1983 an den Vereinigten Bühnen Graz als Statistin bewarb. Mit der Arbeit am Schauspielhaus begann eine neue Lebensphase für mich, ich tauchte begeistert in diese Welt ein und verbrachte bald viel Zeit mit dem Ensemble. Ich leckte Theaterblut und verliebte mich natürlich auch gleich, in den schönen Franz Josef Csencsits, der mir als Prinz Orsino in „Was ihr wollt" im Landhaushof eine Rose zugeworfen und mein fünfzehnjähriges Mädchenherz im Sturm erobert hatte. Das Stück „Gottes vergessene Kinder", in dem Franz einen Lehrer für Gebärdensprache spielte, sah ich mindestens zwanzig Mal, meistens schummelte ich mich dafür über die Herrentoilette „gratis" in den dritten Rang. Ich konnte am Ende alle Dialoge mitsprechen und kenne sogar noch heute ein paar Gebärden. Er wohnte damals im sogenannten „Schauspielerhochhaus" in der Richard-Wagner-Gasse und ich weiß noch, wie wunderbar es war, als er mir Schallplatten von Oskar Werner vorspielte und damit ein erstes Gefühl für die Schönheit der deutschen Sprache in mir wachrief. „Leg deine Wang an meine Wang" von Heinrich

Heine, noch heute höre ich die zärtliche, berührende Stimme Oskar Werners in meinem Ohr. Franz war es auch, der mich in die Welt der Oper einführte. Er nahm mich mit in „Arabella" von Richard Strauss und erklärte mir – wir saßen in der rechten oberen Loge neben der Bühne –, wie schwer gewisse Töne für die Sopranistin Fran Luban, die die Hauptrolle sang, zu treffen und zu halten waren. Und plötzlich war Oper nicht mehr quälend und lang und öd, sondern ein Erlebnis.

Durch meine tiefe Verehrung seiner Kunst verbrachte ich bald jeden Abend im Theater, was meinen Vater beunruhigte. Er war um den Ruf seiner ältesten Tochter besorgt, sprach Franz – ohne mein Wissen – nach einer Vorstellung an und stellte sich als der „Vater von der Aglaia" vor. Franz war amüsiert. Ich fand es wahnsinnig peinlich, heute rührt es mich. Mein Vater machte sich verständlicherweise Gedanken um seine fünfzehnjährige Tochter, die fast nur mehr im Theater anzutreffen war. Franz ging später nach Wien, aber ich musste ihm versprechen, mich auf jeden Fall bei ihm zu melden, sollte ich den Beruf der Schauspielerin wirklich ergreifen wollen.

Mit meiner späteren engen Freundin Angelika Fink jobbte ich als Komparsin in der „Romeo und Julia"-Inszenierung von Rainer Hauer. Wenn wir beim Tanzen in Capulets Haus aus Versehen an die Pappsäulen stießen, die von der Decke baumelten, holten wir uns regelmäßig einen Rüffel. Dann wackelte das Bühnenbild und das Liebespaar Ingrid Ettelmaier alias Julia und Josef Bilous alias Romeo konnte sich das Lachen nicht verkneifen. Bei dem Stück durfte ich tatsächlich so ein Kleid tragen, wie ich es als kleines Mädchen im Fernsehen gesehen hatte – ich war selig!

Nach Franz verliebte ich mich in Josef, den Romeo. Ich schrieb seitenweise Gedichte ab, verzierte die Zettel mit Blumen und Herzen und hing sie ihm, aber auch anderen – nicht selten war ich in mehrere Schauspieler gleichzeitig vernarrt – ans Fahrrad. Und beobachtete aus einem Versteck heraus ihre Reaktion. Zuweilen folgte ich ihnen bis nach Hause, dann harrte ich auf der Straße aus und wartete ab, was sich hinter den Fenstern des Angebeteten abspielte. Ich lernte in jener Zeit auch Stefan Suske, mit dem mich bis heute eine Freundschaft verbindet, und Felix Römer kennen, in den ich natürlich ebenfalls ein bisschen verliebt war. Sie beide gaben den Ausschlag, dass ich mich drei Jahre später am Stadttheater Krefeld bewarb, vorsprach und mein erstes Engagement antrat. Und dort mit Stefan Suske als Narr als Viola debütierte.

Als ich 1986 maturierte, wagte ich es jedoch erst mal nicht, meiner Leidenschaft zu folgen, und begann mit mäßigem Interesse Medizin zu studieren. Die überfüllten Hörsäle, das Wohnen zu Hause im Zusertal und die regelmäßigen Konflikte mit meiner Mutter machten wenig Spaß. Als ich im darauffolgenden Frühling an einer Hepatitis erkrankte und vier Wochen im Landeskrankenhaus bleiben musste, entschloss ich mich, meinem Wunsch nach einer Ausbildung zur Schauspielerin doch eine Chance zu geben. „Wenn nicht jetzt, dann nie!", sagte ich mir und begann, Monologe aus meinen alten gelben Reclam-Heften auswendig zu lernen. Fest davon überzeugt, dass mein wahres Talent sogleich erkannt werden würde, marschierte ich zum Vorsprechen ans Max-Reinhardt-Seminar. Ich flog mit Pauken und Trompeten durch. Dazu muss man sagen – kein Wunder! Andere bereiten sich monatelang mit Privatlehrern auf diese Prüfung vor. Der damalige Direktor Hermann Kutscher musterte mich nach der Prüfung etwas ungeduldig und fragte: „Frau Schschischischschkowitz! Sie studieren doch Medizin?" Ich nickte. „Machen Sie das mal weiter!" Und draußen war ich. Wo ich, an die warme Mauer des Schlosstheaters Schönbrunn gelehnt, drei Stunden lang heulte. Franz, bei dem ich mich viel zu knapp vor der Aufnahmeprüfung gemeldet hatte, vermittelte mich dann an die wunderbare Julia Stemberger, die mit mir den „Ringmonolog" der Viola erarbeitete. Werner Sobotka von der Kabarettgruppe „Die Hektiker", damals am Höhepunkt ihrer Bekanntheit, engagierte ich als Lehrer für die komischen Rollen. Mit dieser Doppelstrategie schaffte ich im September 1987 die Aufnahmeprüfung an die Schauspielschule am Volkstheater Wien und trat nach drei Jahren Ausbildung mein erstes Engagement in Krefeld am Niederrhein an, gefolgt von Würzburg und Münster.

Am Theater war ich anfangs sehr gerne. Liebte das Dazugehören und die Theaterfamilie, die mir als junge Schauspielerin die Heimat bot, die ich brauchte. Erst verbrachte ich ein Jahr in Krefeld, wo ich mich sehr mit Stefan Suskes Frau Kathi, einer wunderbaren Oboistin, und der Leiterin des künstlerischen Betriebsbüros, Marianne, anfreundete, dann zwei Jahre in Würzburg, wo ich meinen Mann kennenlernte, und danach zwei Jahre in Münster. Die Janet in der „Rocky Horror Picture Show" war meine wohl lustvollste Theaterrolle, die Helena in „Faust II" die schrecklichste.

Ich begann, mich immer mehr über die Hierarchie, die im Theater herrscht, zu ärgern und darüber, dass der Intendant die alleinige Macht über die Entwicklung eines Schauspielers, einer Schauspielerin besaß. Wenn man in seiner Gunst stand, spielte man große Rollen, wenn nicht, blieb nur die „Wurz'n" (kleine Nebenrolle). Und irgendwie bekam ich immer wieder nicht das zu spielen, was ich wollte. Ich hatte einzelne Regisseure, die mich schätzten – aber so richtig froh machte mich das Theaterspielen an diesen Stadttheatern schon bald nicht mehr. Ich fühlte mich zwar mit den Kolleg:innen wohl und war gerne Teil der Ensembles, aber die Willkür der Intendanten ärgerte mich irgendwann so sehr, dass ich meine Theaterkarriere beendete.

****

Wer von uns ist ausnahmslos zufrieden mit seinem Aussehen? Eigentlich mag ich ja mein Gesicht, meine blauen Augen, die Stupsnase, meine vom Vater geerbten vollen Lippen und meine Haut. Mag meine unkomplizierten Haare, die fast alles mit sich machen lassen, und mit zunehmenden Jahren mag ich dann doch auch meinen Körper. Beine, Busen, Bauch. Eigentlich. Aber manchmal schaue ich in den Spiegel und denke: Um Gottes willen. Das passiert dann, wenn ich morgens verquollen und mies gelaunt aufstehe und ohne Kaffee in den Tag starten muss. Aber es gibt auch Momente, in denen ich mich über das freundliche Gesicht, das mir im Spiegelbild entgegenlächelt, freue. Das ist dann der Fall, wenn ich mich gegen Abend anschaue und weiches Licht von vorne mein Antlitz widerspiegelt. Überhaupt: das Licht! Ich werde nie verstehen, dass manche Bekleidungsgeschäfte ihre Umkleidekabinen mit kaltem Licht von oben ausstatten. Zwangsläufig sieht damit jede noch so attraktive Person wie ein Gruselmonster aus. Oder Badezimmer in manchen Hotels, die ebenfalls nur Deckenleuchten montiert haben … auch da erschrickt man beim Blick in den Spiegel. Licht ist alles, besonders in dem Beruf. Ich habe gehört, dass Hollywoodstars „ihr" Licht im Vertrag haben. Das kann ich nachvollziehen, wir sind zu hundert Prozent abhängig von gutem Licht, wenn wir nicht mehr fünfundzwanzig sind. Und sind angewiesen auf einen verständnisvollen Austausch mit Kameraleuten oder Oberbeleuchter:innen, die uns gut oder schlecht aussehen lassen können.

Mit den Jahren habe ich gelernt, mich mit meinem Körper anzufreunden und mehr auf mein Bauchgefühl zu hören. Dummerweise ging mir diese Eigenschaft in der Krise verloren. Also die Verbundenheit mit mir. Ich spürte mich und meinen Körper nicht mehr, und all das, womit ich mich früher um ihn gekümmert hatte, und Aktivitäten, die mir viel Spaß gemacht hatten – wie Laufen und Schwimmen und Yoga –, schaffte ich plötzlich nicht mehr. Ich schminkte mich nachlässig oder gar nicht, hörte auf, mich zu frisieren, cremte mich nicht mehr ein, pflegte mich immer weniger. Ich trug tagein, tagaus dieselben Klamotten, ging nicht mehr zur Kosmetik (sicherlich auch aus Kostengründen – wer nicht arbeitet, kann sich solch scheinbar überflüssigen Schnickschnack nicht leisten). Vielmehr aber war es mir fast gleichgültig geworden, wie ich aussah. Wenn man in einem so großen Loch steckt, gefällt man sich nicht mehr. Die vielen Sorgenfalten graben sich tiefer in die Stirn ein und auch die härter gewordenen Züge rund um den Mund spiegeln die Freudlosigkeit wider, die einen begleitet. Jahrelang war ich es gewohnt, in der Maske zu sitzen und geschminkt zu werden. Mein Gesicht wurde nach Strich und Faden verwöhnt und nach kurzer

Zeit begrüßte mich eine gutaussehende und strahlende Person im Spiegel. Weil ich nie längere Zeit ohne Dreharbeiten war, stand mir fast immer eine Maskenbildnerin zur Seite, mit der ich mich über gute Produkte austauschen und über Schönheit fachsimpeln konnte. Was war das für ein Luxus! Das wurde mir nun erst so richtig bewusst. Jetzt war da niemand, den ich um Beauty-Tipps fragen konnte. Und ich war so unsicher in jener Zeit, dass ich mich nicht traute, bei meinen Maskenbildner-Freundinnen anzurufen. Ich fühlte mich alt und ausgelutscht und faltig. Wo war die strahlend schöne Schauspielerin der vergangenen Jahrzehnte hin? Futsch.

Dabei fasziniert mich Schönheit per se und ich liebe es, diese im Alltag zu entdecken. Ich genieße es, schöne Menschen anzusehen. Wenn man sich mit offenen Augen durch die Welt bewegt, trifft man fast überall auf Schönheit. Immer wieder bleibt mein Blick an schönen Details hängen und ich freue mich. Rothaarige Menschen mit blauen Augen und Sommersprossen: wunderschön. Viele Babys und Kleinkinder: entzückend. Umwerfend schöne Frauen und Männer im Bus oder der U-Bahn, im Café oder Restaurant ... was für Freude. Leider muss ich aber feststellen, dass sich Menschen in den öffentlichen Verkehrsmitteln nicht mehr ansehen, alle starren nur auf ihr Handy. Das bedeutet in weiterer Folge, dass man auch nicht mehr flirten kann! Zu dumm. Wenn es keine Interaktion zwischen Menschen gibt, kann natürlich auch keiner mehr die Schönheit des anderen entdecken.

Aber wie sieht es eigentlich mit der „Schönheit" von Männern aus? Sicher, man trifft attraktive, gepflegte Männer mit grauen Schläfen, guter Figur und passendem Stil. Aber klassisch „Schöne" sind selten darunter. Ich habe allerdings ein paar Freundinnen, die ich sehr schön finde. Bei denen alles zusammenpasst ... die Frisur, der Teint, das Make-up, die Kleidung. Hilli ist da mein liebstes Beispiel. Graue, exakt geschnittene kurze Haare, Perlenohrringe, gepflegte Haut, dezente Schminke, elegante Kleidung in ausgewählten, besonderen Farben. An der Hilli kann ich mich nicht sattsehen. Sie strahlt eine Eleganz und Schönheit aus, die mich fasziniert. Mit Erschrecken wurde mir in den letzten Monaten bewusst, dass ich mich öfter als früher mit anderen Frauen vergleiche. Nicht mit den Hollywoodstars, aber mit jenen in meinem Umfeld. Schaut die besser aus? Ist jene schöner, schlanker, witziger? Gift ist das, das Vergleichen. Ein bisschen gehört es sicher dazu, aber gesund ist es nicht. Und idiotisch. Interessanterweise hadern manchmal Kolleg:innen, die man selbst als besonders schön einstuft, besonders stark mit ihrem Aussehen.

In einem Interview mit der „Wienerin" wurde ich vor einiger Zeit nach dem Umgang der Filmbranche mit Schauspielerinnen im mittleren Alter gefragt. Meine Antwort lautete: „Meine wunderbare Agentin Carola Studlar sagt immer: ‚Aglaia, es ist eine Jugendbranche!' Und das stimmt. Das werden wir nicht ändern können. Aber: Den größten Teil unseres Lebens sind wir älter. Und erfreulicherweise reifer. Wo sind die Filme dazu? Wir Frauen erleben so großartige, absurde Dinge in diesen Jahren, von denen viel zu wenig erzählt wird!! Um von diesen unseren weiblichen Erfahrungen berichten zu können, braucht es dringend Stoffe, Drehbücher, die differenzierte weibliche Charaktere zeichnen. Das tun nach wie vor viel zu wenige. Aber wie immer im wirklichen Leben kann das nur passieren, wenn wir uns zusammentun, Vorschläge machen, mitentwickeln und kreativ sind. Weil irgendeine Nase, die, pff, die ist zu alt dafür' stöhnt, wird es immer geben, sei' ma' sich ehrlich."

Ich denke zurzeit oft darüber nach, wie es Kolleginnen wie beispielsweise Corinna Harfouch, Barbara Sukowa, Hildegard Schmahl, Nicole Heesters, Senta Berger oder Adele Neuhauser schaffen, so lange so erfolgreich in diesem anspruchsvollen Beruf zu bleiben. Ich habe großen Respekt vor deren Weg und suche immer wieder mal auch das Gespräch, wenn wir uns zufällig über den Weg laufen. Wie schaffen diese Damen den Balanceakt des Lebens mit diesem Beruf und wie gestalten sie die Jahre, in denen andere Menschen schon längst in Pension sind?

Auch Hollywood altert. Aber nur im Geheimen. Da gibt es den schönen George Clooney und den schönen Brad Pitt und die schöne Charlize Theron und die schöne Halle Berry. Die verdienen Millionen, haben einen durchdachten Schönheitsapparat hinter sich und spielen in einer anderen Liga. Sie können sich Eingriffe leisten, die so geschickt gemacht sind, dass man nichts davon merkt. Das kann ich nicht und die große Frage bleibt auch: Wie viel Eingriff lässt man zu, ohne seine Einzigartigkeit zu verlieren?

Ich war verwöhnt in Sachen Attraktivität. Viele Jahre lang achtete ich nicht wirklich auf mein Aussehen – es war mir herzlich egal – und hüpfte mit traumwandlerischer Sicherheit von Film zu Film. Aber nun muss ich lernen, dass die Jungen am Set mich einfach nicht mehr fragen, ob ich mitkomme, wenn sie abends losziehen. Vermutlich denken sie: „Den ganzen Tag drehen ist sicher anstrengend in diesem vorgerückten Alter. Lassen wir sie ausruhen!?" Es ist bitter, aber woher sollen sie wissen, dass ich es ohnehin meist erst um Mitternacht ins Bett schaffe?

Alles in allem bin ich gezwungen, mich neu aufzustellen. Neue Wege zu gehen. Behutsamer zu planen. Liebevoller mit mir selbst und meinem Körper zu sein. Mich ausreichend zu bewegen und gesund zu ernähren. Endlich vor zwölf schlafen zu gehen! Wie furchtbar langweilig das klingt. Ist aber Realität. Die Disziplin, die für mich seit Jahren beim Drehen wie selbstverständlich dazugehört, muss ich nun auch bei meiner Lebensführung beweisen. Aber das kennen wohl viele Frauen in meinem Alter. Hart gesagt: Wer sich nicht an gewisse Regeln hält, verfettet, verdummt und verkommt. Und wer will das schon?

****

Dass Schauspieler eitel seien, hört man oft. Erlebt man auch immer wieder. Sie würden am liebsten ständig von sich selbst reden und interessierten sich null für ihr Gegenüber. Auch da ist etwas Wahres daran. Natürlich. Ich erinnere mich gerne an eine Begebenheit vor etwa zwölf Jahren bei Dreharbeiten in Thailand. Wir drehten eine Serie, die ich hauptsächlich deswegen angenommen hatte, weil ich in Ruhe ein Drehbuch schreiben wollte. Und da kam ich abends mit einem Kollegen an einem Tisch zu sitzen, in dieser wirklich ausgenommen schönen Anlage, in der wir untergebracht waren, und versuchte, eine Unterhaltung zu starten. Es gelang auch – doch nach sechzig Minuten Monolog seinerseits unterbrach ich ihn vorsichtig: „Sag einmal, merkst du eigentlich, dass du seit einer Stunde über dich redest und nicht einmal gefragt hast, wie es mir geht?" Er schaute mich verständnislos an und ging zum Gegenangriff über: „Was kann ich dafür, dass du nichts sagst, Aglaia?" Ich zurück: „Ich habe es ja versucht! Aber da war keine Lücke, ich kam nicht dazwischen!" Worauf er beleidigt aufstand und ging.

Viele Schauspieler:innen reden gern und viel. Viele Kolleg: innen sind zudem ausgezeichnete Entertainer:innen und man hört ihnen gerne zu. Aber klar: Dieser Beruf ist gefährlich, weil er einem ständig suggeriert, dass das, was man von sich gibt, wichtig sei. Und weil er einen verführt, zu erwarten, dass man auch außerhalb des Sets permanente Aufmerksamkeit verdient hätte. Es gibt aber auch zurückhaltende und eher menschenscheue Typen, die gar kein Bedürfnis haben, im Mittelpunkt zu stehen, und die zuhören können. John Malkovich, mit dem ich vor vielen Jahren den Film „Klimt" gedreht habe, ist mir diesbezüglich gut in Erinnerung, oder auch der bereits erwähnte und viel zu früh verstorbene Peter Simonischek, der bei meiner Reihe „Einsatz in Hamburg" meinen ehemaligen Jura-Professor gespielt hat. Kollegen, die einem Raum lassen, die zuhören und sehr fein auf das reagieren, was von einem kommt. Aber auch sie sind eitel, klar, und auch ich bin es. Der Beruf funktioniert eben nur, wenn man zu sich steht und sich mag.

Wobei, wenn ich um besseres Licht vor der Kamera kämpfe oder meine Frisur optimiert oder mein Make-up verbessert haben will, ist das nicht Eitelkeit, sondern Überlebensstrategie. Ich muss mein Aussehen verkaufen. Genauso wie mein Spiel. Weil ich genau weiß, dass viele Menschen den Film, den ich drehe, sehen werden und dass mein Marktwert nicht steigt, wenn ich schlecht ausgeleuchtet oder schlecht gekleidet auftauche. Und so geht es uns allen, die vor der Kamera herumspringen. Eine gewisse Angst, nicht gut zu sein und/oder schlecht auszusehen, tragen fast alle Kolleg:innen mit sich herum.

Ich würde gerne sagen, ich hätte die Komplexe, was mein Aussehen betrifft, hinter mir gelassen. Aber dieses Gefühl, nicht schön beziehungsweise schlichtweg zu dick zu sein, das begleitet mich in Wellen schon mein ganzes Leben. Früher kam es manchmal vor, dass ich von einem Ball schnurstracks nach Hause ging, weil ich mich im Toilettenspiegel so hässlich und dick empfunden hatte, dass ich mich niemandem zeigen wollte. Ich fühlte mich als junges Mädchen und auch als junge Frau nicht schlank genug und dieses Gefühl wurde ich im Grunde genommen viele Jahre lang nicht los. Befreiung gab es einerseits erst durch die Liebe zu meinem Mann, andererseits durch meinen Nacktauftritt in „Mein Kampf" von Tabori im Stadttheater Würzburg. Und später dann, nach den Kindern, durch regelmäßigen Sport und bewusstes Essen.

Meine Figur ist leider für viele Kostümbildnerinnen (meist sind es Frauen) eine Herausforderung, weil ich bei Schultern und Hüfte eine Größe achtunddreißig bin und um die Brust eine zweiundvierzig. Ganz viele Kleidungsstücke, etwa Kleider, passen mir also so gut wie nie.

Aber wenn ich mein momentanes körperliches Hauptproblem angehen will – dass ich die berühmten fünf Kilo zu viel wiege –, scheitere ich regelmäßig daran, dass ich nach anstrengenden Drehtagen einen Bärenhunger habe und weder Intervallfasten noch die „No sugar"-Diät einhalten kann. Es ist zum Verzweifeln! Und mit fünfundfünfzig purzeln die Kilos halt auch nicht mehr so schnell. Ich gehe zwar jeden Tag schwimmen, allein macht das aber nicht so viel Spaß und nach ein paar Runden wird mir meist langweilig. Weder im Schwimmbad noch auf dem Rad oder beim Joggen bin ich eine zähe Ausdauersportlerin. Leider!

Aber: Es ist schon viel besser geworden in den letzten Tagen und auch diese Kilos werden irgendwann schmelzen. Ich muss mir Zeit geben und gnädig mit mir sein. Nicht zu vergessen – wie war das noch vor zwei Monaten? Da habe ich aus lauter Furcht vor dem Dreh nicht mehr schlafen können und jetzt klappt es hervorragend!

Meine letzte Phase, in der ich mein Traumgewicht von zweiundsechzig Kilo wog, war, als ich „Die Wunderübung" in Wien drehte. Da fuhr ich immer morgens mit dem Rad vom siebten in den zweiten Bezirk und praktizierte Yoga im Augarten. Danach duschte ich in der Garderobe am Set und setzte mich mit einem tiefen Glücksgefühl vor den Maskenspiegel. Diese Leichtigkeit wünsche ich mir zurück. Die Freude an meinem Körper, die Lust, ein Kostüm zu tragen, das mir hilft, eine Figur zu spielen.

Vor kurzem habe ich zum ersten Mal seit vielen Monaten Kleider gekauft. Ich bin nach Porto-Vecchio auf Korsika hinaufspaziert – die Stadt liegt auf einem Hügel – und in eine Boutique mit schönen, nicht zu teuren Kleidern eingefallen.

Ich habe fast alle durchprobiert und bin in der viel zu engen Umkleidekabine tausend Tode gestorben, weil das Licht wieder einmal gnadenlos kalt von oben kam und ich mich in BH und Unterhose furchtbar fand und mir wieder einmal schwor, abends nichts mehr zu essen. Trotzdem machte mir das Anprobieren Spaß. Ich entschied mich schließlich für ein glänzendes, beige-schwarz gemustertes Tigerkleid und stürzte mich gleich darauf in eine zweite Boutique, in der ich mir noch drei Blusen leistete. Nach den vergangenen Monaten, in denen ich kein Geld hatte und Sparsamkeit angesagt war, tat es unendlich gut, wieder shoppen zu gehen und mich – in diesem Laden war das Licht wesentlich vorteilhafter – halbwegs attraktiv zu finden.

Warum hadern so viele Frauen so stark mit ihrem Körper? Warum gibt es kaum eine Frau, die aus tiefster Überzeugung „So wie ich bin, gefalle ich mir!" sagt? Warum lassen wir uns von dem Schönheitsideal der schlanken Frau so gängeln, dass auch hier, in meinem momentanen Umfeld, kaum eine Frau sagt: „Ich liebe meinen Körper so, wie er ist?"

Im Sommer 2022, als es mir nicht gut ging, ich wenig aß und ich jeden Tag schwimmen war, habe ich mir körperlich gut gefallen, aber der Preis dafür war hoch. Was mir damals bei meiner inneren Unruhe geholfen hat, war kaltes Wasser. In der eiskalten Isar schaffte ich es, zu mir zu kommen und wieder klar zu denken, und deswegen fand ich bei jedem Ortswechsel als Erstes heraus, wo es einen Bach oder See gab. Jetzt, wo diese Zeit weit hinter mir liegt, arbeite ich diesen Wahnsinn auf und frage mich, wie meine Familie und meine Freundinnen das alles ertragen haben ... meine Freundin

Verena, unsere Söhne, mein Mann. Und genieße es so sehr, meinen Tag wieder „normal" zu gestalten.

In unserem Beruf ist der Körper unser Werkzeug und wir müssen uns auf ihn verlassen können, um gut arbeiten zu können. Das feine Zusammenspiel aller wichtigen Säulen, wie zum Beispiel des Stimmsitzes und der Beweglichkeit, sind existenziell wichtig für das Gelingen einer Szene. Und es ist unsere Pflicht und Verantwortung, alle diese Zahnräder regelmäßig zu pflegen und zu schmieren, damit sie gut ineinandergreifen können. Durch meine lange Pause hatte ich am Anfang des jetzigen Films noch Schwierigkeiten, mit meiner Stimme zu spielen, sie zu modulieren, und der Tonmeister musste immer wieder „Bitte etwas mehr Stimme!" rufen. Wenn er wüsste, in welchen Stress er mich damit versetzt hat. Nach drei Wochen Dreh war sie aber wieder da.

Hin und wieder spüre ich noch meinen Rücken, der mir letztes Jahr diese Höllenschmerzen beschert hat, aber wenn ich Übungen mache und schwimme, habe ich ihn gut im Griff. Ja, nach drei Wochen Korsika bin ich auch schön angebräunt und nicht mehr winterblass, und wenn ich es schaffe, auf dem Kreuzfahrtschiff „figurfreundlich" zu essen, dann ist das „Rundumwohlgefühl" wohl bald Realität. Ich lächle, als ich das schreibe. Die Zufriedenheit mit dem eigenen Körper ist und bleibt eine Herausforderung und für uns Schauspieler:innen noch einmal besonders. Immerhin mag ich schon jetzt mein Gesicht, meine Haut, meine Hände und Füße, und ich bin mir sicher, bald werden Bauch und Schenkel dazukommen und dann steht einem erfolgreichen 2023 eigentlich nichts mehr im Wege!

Ich kann meine Emotionen weniger gut steuern und kippe in Gefühle stärker hinein als andere Menschen. So bin ich unversehens im Freudentaumel, aber ebenso rasch zu Tode betrübt, wenn sich die Dinge anders entwickeln als gewünscht. Unzählige Liebesdramen in meiner Jugend waren eine Folge dieser Veranlagung. Ein mentaler und emotionaler Riesenstress, um es auf den Punkt zu bringen. Ich kann mich mühelos in andere Menschen hineinversetzen, das Abgrenzen fällt mir allerdings schwer. Schon als Kind konnte ich kaum an Bettlern oder Obdachlosen vorbeigehen, ohne in Tränen auszubrechen. Ich nahm mir die Dinge einfach sehr zu Herzen. „Aglaia, man kann dir nichts erzählen, du machst dir immer gleich viel zu große Sorgen", höre ich regelmäßig von meinen Schwestern. Jetzt, mit fünfundfünfzig Jahren, war es wohl an der Zeit, dieses „Drama-Gen" in den Griff zu bekommen. Selbstregulation hieß das Gebot der Stunde, ich wollte endlich leichtfüßiger und unkomplizierter durchs Leben kommen.

Leichter gesagt als getan: Ich musste beginnen, mit dem klarzukommen, was war. Egal, ob es sich um das Licht, Geräusche, einen Geruch handelte, mein Leben glich manchmal einem Eiertanz. In Hotels etwa brauchte ich ein sehr helles, ruhiges Zimmer. Mein Mann und meine Freundin – die beiden mit Abstand wichtigsten Menschen während der Krise – waren mittlerweile dazu übergangen, mir wortlos den Schlüssel auszuhändigen und es sich in der Lobby bequem zu machen, während ich nach einem Raum suchte, in dem ich mich wohlfühlte. Das mag nach unglaublichen First-World-Problemen klingen, aber da ich so empfindlich war, musste ich mehr kämpfen, um einen Zustand des Wohlbefindens zu erlangen.

Ich spürte die Nachteile dieser Sensibilität plötzlich viel stärker als früher, reagierte unangemessen auf Kritik. Ich sah ein, dass ich an mir arbeiten musste, geduldig und liebevoll. Ich wollte meine Kraft so gerne bündeln und in eine Aufgabe stecken! Ich sehnte mich nach einem Dreh, Theaterproben oder einem anderen kreativen Job, der mich forderte. Ich wollte meine überbordenden Gefühle in eine Richtung lenken, die Sinn machte und mich erfüllte. Ich musste mir etwas suchen, das stand fest.

Kein
Safe Space
in Sicht –
ANGST

Und diese Sensibilität fiel mir in meiner Lebenskrise auf bis dahin ungeahnt heftige Art und Weise auf die Füße. Durch die lange Zeit der Nichtbeschäftigung beziehungsweise dem ständigen Kreisen um meine Kreuzschmerzen und Wechseljahre entwickelte sich ein Gefühl von Angst, das ich so bisher nicht gekannt hatte. Diese Angst zeigte sich diffus, aber auch konkret. So entwickelte ich etwa eine Angst in Bezug auf neue Orte.

Dabei bin ich eigentlich für mein Leben gern unterwegs. Ich fahre gern und gut Auto, liebe Bahnreisen und flog – der Umwelt zuliebe selten – auch mit dem Flugzeug. Seit dreißig Jahren war ich so gut wie immer auf Achse, pendelte zwischen den Drehorten und unserem Zuhause. In den Drehpausen fuhr ich häufig nach Österreich, um meine Eltern in Graz und Freunde und Familie in Wien zu besuchen. Es machte mir nichts aus, heimzukommen und gleich wieder aufzubrechen, kein Weg war mir zu weit. Und wenn Dreharbeiten in Südafrika anstanden, war ich freudestrahlend dabei. Bis sich all das letztes Jahr plötzlich änderte. Ich konnte auf einmal nicht mehr verreisen. Ich hatte Angst. War wie gelähmt, wenn es darum ging, mich wegzubewegen von daheim. Ich musste unser Familientreffen in Tirol, auf das ich mich so gefreut hatte, absagen und auch alle anderen Termine, die nicht in München stattfanden. Ich saß wie das Kaninchen vor der Schlange und traute mich nicht einmal mehr, allein zum Einkaufen zu gehen. Und das alles passierte mir! Die sich über das Reisen und Unterwegssein definierte, die stolz darauf war, in drei Monaten zwanzigmal den Aufenthaltsort zu wechseln. Woher kam so etwas? Und vor allem: Wie wurde man das wieder los?

Wenn ich ehrlich war, erkannte ich natürlich, dass ich das Alleinsein nie wirklich gemocht hatte, allein war immer alles ein Kampf. Ich hatte es bisher einfach vermieden und das Glück gehabt, nie allein sein zu müssen, ich war entweder bei meiner Familie oder am Drehort inmitten eines großen Teams. Genauso wenig konnte ich Abschiede leiden, die durch das viele Reisen von Dreh zu Dreh, von Stadt zu Stadt, von Set zu Set zu meinem Leben gehörten. Mich ständig von jemandem trennen zu müssen ist fester Bestandteil meines Lebens. Nun aber war es so, dass ich mich am liebsten gar nicht mehr von den Menschen, die mich umgaben, getrennt hätte – absurd, ich weiß. Das Alleinsein nicht auszuhalten war ein demütigender Zustand. Immer wollte ich sie alle um mich haben, nur in der großen Familienrunde fühlte ich mich geborgen. Zum Glück hatte ich eine Handvoll Freundinnen und meine engste Familie – Marcus, unsere Söhne, meine Freundin, meine Schwestern und Tante Ilse, die in dieser Zeit für mich da waren. Ich musste erkennen, dass mich eine gewisse Angst schon lange begleitete, ich diese aber gut im Griff gehabt hatte, weil es Aufgaben gab, die mich ausfüllten. Ich gestand mir ein, dass ich extrem abhängig von anderen Personen war. Und das alles mit einem Beruf, der einen entweder mit Haut und Haaren auffrisst oder aber, wenn man nicht arbeitet, emotional zurücklässt und einem das Gefühl vermittelt, zu verhungern.

****

Hermann Hesse hat mal gesagt: „Nur wer bereit zu Aufbruch ist und Reise, mag lähmender Gewöhnung sich entraffen." Ich brauchte in der Zeit auch kluge Sätze wie diesen. Oder auch ein kleines Mantra, wie zum Beispiel: „Hakuna Matata." Das ist Swahili und heißt übersetzt in etwa „Sei ohne Sorge, mach dir nicht so viele Gedanken" oder auch „Alles wird gut, beruhige dich!" Die Redewendung stammt aus einem in Ostafrika sehr beliebten Volkslied. Vielleicht kennen Sie die Worte auch aus dem Film „König der Löwen"?

Darauf zu vertrauen, dass alles gut wird: das schien mir plötzlich unmöglich. Die Baustellen in meinem Leben – eine überforderte Familie, ein überstrapazierter Freundeskreis – waren unübersehbar. Ich litt, und mein Umfeld litt mit mir, bis die Belastung zu groß wurde und wir alle am Ende unserer Kräfte waren. Was für eine Tragödie: In mein Leben, das sich jahrelang wie der sprichwörtliche Ponyhof angefühlt hatte, hatte sich eine ungeahnte Angst geschlichen. Nichts funktionierte mehr. Und so entschied ich mich dazu, mich bei einer psychosomatischen Klinik im Allgäu anzumelden, um in einer professionellen Umgebung meine Bandscheibe und meine emotionale Schieflage zu kurieren.

„Du schaffst das!", sprach mir meine Freundin Beate Mut zu, als sie mich in der Klinik absetzte. Sie hatte spontan angeboten, mich hinzufahren. Unser Abschied verlief tränenreich, ich wollte nicht bleiben, fühlte mich verlassen und verloren. Doch mir war klar, dass es keine Alternative gab. Ehe ich mich versah, war ich in der Klinik aufgenommen. Das Haus und sein Personal strahlten eine warmherzige Stimmung aus, und bereits kurz nach meiner Ankunft lud mich eine Mitpatientin ein, sie zum Schwimmen zu begleiten. Ich war dankbar für die Ablenkung und meine erste Unsicherheit legte sich langsam, als ich mit ihr nur wenig später im nahe gelegenen, kleinen Moorsee badete.

Trotzdem war der erste Abend schwer. Ich wäre am liebsten nach Hause gefahren – was schon mal nicht ging, weil ich mich nicht allein hinters Lenkrad zu setzen traute. „Kommen Sie doch erst einmal bei uns an", versuchten die Pflegeschwestern mich aufzumuntern. Nach dem Abendessen zog ich mich auf mein Zimmer zurück und beschloss, das Beste aus der Situation zu machen. Vom Fenster aus sah ich die Kirche, seit Kindheitstagen ein beruhigender Anblick. Ich griff zum Telefon und rief meine Freundin Verena an, die mir in diesem Jahr schon so oft zur Seite gestanden hatte. Es tat gut, ihre vertraute Stimme zu hören: „Du bist nicht allein, ich stehe das mit dir durch!", beruhigte sie mich zum wiederholten Mal.

Mit ihren Worten im Ohr brachte ich die ersten harten Tage in der Einrichtung hinter mich. Alles war neu, die Routinen unbekannt, die Menschen fremd. „Die sind ja viel kränker als ich", redete ich mir ein und grüßte die anderen Patientinnen und Patienten mit einem gequälten Lächeln. Mich auf die Klinik einzulassen war das Schwierigste. Den Kopf freizukriegen, nicht zu kontrollieren, was da passierte, nicht alles infrage zu stellen, „vom Kopf in den Bauch" zu gehen. „Geben Sie uns doch eine Chance, Frau Szyszkowitz", bekam ich zu hören, wenn mich in den ersten Tagen Zweifel an der Sinnhaftigkeit meines Aufenthalts befielen und ich mir bei manchen Aktivitäten dachte: Was ist denn das für ein wahnsinniger Quatsch!

Bald fand ich mich jedoch in den Klinik-Alltag ein und freundete mich mit den Mitpatient:innen an, die zum Teil schon seit Wochen da und mir um einiges voraus waren. Es hatte sich ausgezahlt, die Zähne zusammenzubeißen! Mit jedem Tag wurde es leichter. Die Therapien erdeten mich: kämpfen, fechten, atmen. Atmen! Gar nicht so einfach. Und manche Therapeuten tanzten sogar mit mir. Auch wenn es dauerte, bis ich das für mich passende Setting fand. Manches wie das Singen mit Gitarrenbegleitung berührte mich zu sehr, Gruppentherapien schlugen mir aufs Gemüt. Meine Versuche, etwas Leichtigkeit in die Sitzungen hineinzubringen, fruchteten nicht wirklich. „Jetzt lasst uns doch mal über etwas Lustiges reden", schlug ich vor. „Ja, über was denn?" „Na, über Sex zum Beispiel." Dann lachten alle, doch niemand redete über Sex. Malen, Arbeiten mit Holz, Behauen von Stein – das alles war eine Überwindung. Aber mit der Zeit begriff ich, dass das konzentrierte Arbeiten schon seine Wirkung erzielte, wenngleich ich am meisten von den Einzeltherapien profitierte.

Und ein Deal mit der Klinikleitung tat mir besonders gut: Ich durfte für drei Drehtage nach Altaussee in die Steiermark reisen. Es freute mich wahnsinnig, wieder zu arbeiten. Es tat so gut!! Und das Lächeln kam zurück. Immer stärker. Immer öfter und länger. An meinem ersten Drehtag war ich so glücklich. Endlich, endlich wieder spielen zu dürfen! Und zu merken: Es klappt! Ein Fest. Gut, ich merkte schon, dass ich dünnhäutiger war. Empfindlicher. Verletzlicher.

Die Gewissheit, dass ich mit dem Klinikaufenthalt mithalf, mein soziales Umfeld zu Hause zu entlasten, tat ebenso gut wie der Erfahrungsaustausch mit den übrigen Patient:innen, die alle ihre ganz individuellen Traumata und Ängste zu bewältigen hatten. In der Freizeit unternahmen wir viel gemeinsam, gingen schwimmen, besuchten die Kneipe im Ort, joggten, machten lange Spaziergänge. Abends sangen wir, einmal auch in der Kirche oben am Berg, und musizierten, ich hatte ja mein Akkordeon mitgenommen. Das fand ich sehr schön. Unsere WhatsApp-Gruppe von damals hat bis heute Bestand und wir unterstützen uns immer wieder einmal gegenseitig, wenn eine in Schieflage war. Noch hielt ich es nicht aus, allein zu sein. Wenn es sich nicht vermeiden ließ, griff ich sofort zum Telefon, es war mir nicht gelungen, es abzugeben. Besonders an den Wochenenden fiel mir die Decke auf den Kopf, denn in der Klinik wurde kaum Programm angeboten. So sah ich zu, dass ich samstags und sonntags regelmäßig Besuch bekam oder eine Beurlaubung für eine Nacht erwirken konnte. Ich kämpfte fast jedes Wochenende um meine Bewegungsfreiheit.

Nach dreieinhalb Wochen schließlich, eigentlich zu früh, brach ich meine Zelte in der Klinik wieder ab. Obwohl ich inzwischen erkannt hatte, wie gut es mir tat, beschloss ich, meinen Aufenthalt zu beenden. Mein Rücken und damit auch meine Nerven hatten sich beruhigt. Und ich wollte nicht mehr in der Klinik sein, wenn sich mein Wiener Regisseur meldete.

Und nicht zuletzt hatte ich großes Heimweh. Marcus holte mich ab, und ich war froh, heimzukommen. Endlich hatte ich meine Freiheit wieder! Die Angst vor dem Alleinsein hatte ich in den letzten Wochen besser in den Griff bekommen. Ich blickte positiv und zuversichtlich in die Zukunft.

Ich war wieder zurück in München und suchte mir eine kompetente Therapeutin.

Sie meinte: „Atmen hilft. Bis vier ein, dann ausatmen bis acht!" Und das zwölf Mal. Jede Stunde wiederholen. Das war viel, aber ich versuchte es. Als ich eine andere Übung mit „Das kann ich nicht" ablehnen wollten, entgegnete sie bestimmt: „Wer fünfundvierzig Leute bewirten kann, kann das locker." Da hatte sie wahrscheinlich recht. Am Wochenende hatte ich eine große Geburtstagsparty veranstaltet, die sehr schön war. Und bei der ich lachen und tanzen und Witze machen konnte. Mittlerweile war es Winter. Um mich wieder ins Hier und Jetzt zurückzubefördern, hatte ich eine Ausbildung zur Stadtführerin begonnen. Wir machten jeweils zweieinhalbstündige Touren im Freien, die inhaltlich sehr interessant waren, mich aber kältetechnisch forderten.

Ich machte Therapie, absolvierte meine Atemübungen und fragte nach wie vor andauernd irgendjemanden um Rat. Einer musste mir doch einmal das Mittel verraten, das mir nachhaltig half! Ich suchte Hilfe bei Heilpraktikerinnen, Familienaufstellerinnen, Heilerinnen, Allgemeinmedizinerinnen, Schwestern, Müttern, Tanten. Und trat doch scheinbar auf der Stelle. Meine Neugierde, mein Enthusiasmus, meine Leidenschaft waren weg und ich suchte, suchte, suchte. Warum in Gottes Namen löste sich der ganze Spuk nicht endlich in Wohlgefallen auf und verschwand?

Ich erfuhr von Freundinnen und anderen Frauen in der Mitte des Lebens, dass auch sie kämpften und haderten. Mit dem Älterwerden, dem „empty nest", dem Abflauen der Sexualität in einer langjährigen Beziehung, der Beziehung an sich, weil man sich auseinandergelebt hatte. Eine meiner Therapeutinnen versuchte mich zu überzeugen: „Sei Role Model!" Auch meine Osteopathin riet mir, über meine Ängste zu schreiben. „Du sprichst so vielen Frauen aus der Seele! Vielleicht denken Sie wirklich, wenn Sie das lesen: „Das kenne ich, so geht es mir auch. Ich hätte nicht gedacht, dass auch die Schauspielerin durch so eine Phase durchgegangen ist." Ja, ist sie. Nun galt es, zu lernen, mich endlich selbst aus dem tiefen Loch zu holen. Wie disziplinierte man sich, jeden Tag zu schreiben? Joggen zu gehen, auch wenn es draußen nass und kalt war? Wie verpasste man seinem Leben eine Struktur? Wenn Bestätigung von außen weitgehend fehlte, weder Arbeit noch ein Flirt für Ablenkung, die ich so dringend brauchte, sorgten? Zurückgeworfen auf mich selbst, ungeübt im Alleinsein.

Trotzdem musste ich die vor mir liegende karge Wüste durchwandern, allein. Ich würde es schaffen, sagte ich mir, weil ich eine Kämpferin war. Einen starken Willen hatte. Um am anderen Ende strahlend und neu herauszukommen und weiterzumachen. Mit diesem so herausfordernden, wunderbaren Leben. Das gelebt und genossen werden wollte. Das einlud zum Wachsen und Reifen. Das mir geschenkt war. Von meinen Eltern und einer Macht, die höher und größer war als wir, ob man sie nun „Gott" nannte oder nicht. Einer Macht, die da war und der ich mich anvertrauen konnte. Zu der ich beten konnte. Was ich tat, wenn ich große Angst hatte.

Inmitten der Wüste tauchten dann aber doch erste Oasen auf: Ich hatte Jobs in Aussicht. Für März waren Dreharbeiten in Wien fixiert. Und eine große Lesung stand für Anfang April in Graz mit „Gut gegen Nordwind" an. Darin kämpft die Heldin Emmi mit ihren Gefühlen und das Ende ist traurig, weil sie den Mann, den sie zu lieben glaubt, verliert. Ein gefundenes Fressen für eine Schauspielerin!

****

Verlust und Sterben – je älter ich werde, umso mehr beschäftigen mich diese Themen.

Als Kind hatte ich immer wieder einmal Angst vor dem Tod. Ich weiß noch genau, dass meine Großmutter Trude, die Mutter meiner Mutter, abends mit mir betete und mir „Die Blümelein, sie schlafen" vorsang und dass ich mich dabei geliebt und sicher fühlte. Aber auch diese Großmutter hatte Angst vor dem Tod und als ich heranwuchs und erwachsen wurde, hat sie mir davon erzählt. Sie sagte: „Aglaia, ich werde jetzt am Knie operiert und eine Operation in diesem Alter ist gefährlich. Es kann sein, dass ich dabei sterbe."

Das saß. Ich wollte nicht, dass meine Großmutter, an der ich sehr hing, stirbt. Ich habe diese Gespräche in meiner Überforderung auf Kassette aufgenommen, weil ich wohl irgendwie hoffte, die Aufnahme dann jemandem vorzuspielen, der mich tröstet.

Das war vor sechsundzwanzig Jahren. Heute müssen wir uns langsam an den Gedanken gewöhnen, dass unsere Eltern die Nächsten sind, die sich, zusammen mit unseren Tanten und Onkeln, verabschieden werden und dass wir nach deren Tod selbst an vorderster Front stehen. Ich erinnere mich noch sehr gut, dass ich als junges Mädchen in der Naglergasse unser Au-pair-Mädchen mit meiner Angst vor dem Tod konfrontierte. Ich glaube, sie hat mich mit den Worten „Du bist noch ein Kind, du brauchst keine Angst davor zu haben, du hast noch sehr viel Zeit!" zu trösten versucht. Und heute, über vierzig Jahre später, ist das Thema sehr viel näher gerückt und ich bin immer noch nicht wirklich weiter.

Meine Freundin Verena zitiert, wenn unsere Gespräche dar-um kreisen, gerne Wolfgang Merz, einen sehr guten Münch-ner Therapeuten, bei dem wir einmal ein Wochenende zum Thema „Angst" absolviert haben. Er sagte, dass es unsere Auf-gabe sei, unser Leben „voll" zu machen. Und dass uns der Ab-schied vom Leben damit besser gelingen wird. Wenn wir es ausreichend mit guten, schönen Dingen gefüllt haben. Was die genau sein sollen, hat er nicht gesagt, aber Verena hat das genügt. Beneidenswert.

Dem Abschied von meinen Eltern sehe ich sehr ängstlich ent-gegen, ich kann mir aber auch meinen eigenen Abschied vom Leben noch gar nicht vorstellen. Ich beneide diesbezüglich meine Mutter, die vor fünf Jahren wieder in die evangelische Kirche zurückgegangen ist und in der Heilandskirche in Graz einen Ort gefunden hat, in dem sie sich aufgefangen fühlt. Sie ist ein aktives Gemeindemitglied und leitet den Senioren-kreis dort und ich sehe, wie ihr all das hilft, mit den Heraus-forderungen ihres neunundsiebzigjährigen Lebens umzuge-hen. Auch unser Vater besucht jeden Sonntag die Messe und auch ihm scheint der Glaube eine gewisse Beruhigung und Kraft zu geben. Vielleicht muss ich mich einfach gedulden, bis ich siebzig oder achtzig bin?

Apropos Glaube: Als ich fünfzehn war, habe ich eine Erfahrung gemacht, die mich im Nachhinein sehr beschäftigt hat, nämlich unser regelmäßiger Messebesuch bei Pater Conny Sterninger in Strassgang. Conny war der Kopf einer großen Gemeinde und er hatte sich der sogenannten „Charismatischen Erneuerungsbewegung" in der katholischen Kirche verschrieben. Die Gottesdienste zeichneten sich dadurch aus, dass viel und fröhlich gesungen und musiziert wurde und der konservative katholische „Schrott" von Schuldbekenntnis, Erbsünde & Co. einem positiven und offenen Umgang mit dem Leben in all seinen Facetten weichen musste. Conny versammelte eine stetig wachsende Zahl an vor allem jungen Menschen um sich und ich hatte in dieser Gemeinschaft für einige Monate eine schöne Zeit. Wir sangen das Vaterunser gemeinsam und hielten uns dabei an den Händen, und für meine haltsuchende fünfzehnjährige Seele war all das wichtig und wohltuend. Leider kippte das Ganze aber, als Conny dazu aufrief, Platten zu verbrennen, die „den Satan" in sich hätten. Irgendwie hatte er plötzlich einen extremen Weg eingeschlagen, bei dem ich nicht mehr mitgehen wollte, und damit beendeten wir unsere Strassgang-Zeit.

Mit meinen fünfundfünfzig Jahren sehe ich mich immer noch relativ ratlos dem Thema Tod und dem Thema Abschied gegenüber. Ich habe im Frühsommer 2023 mit einem wunderbaren Kollegen und Freund telefoniert, dem es sehr schlecht ging, und der fragte mich, ob ich glaubte, also ob ich an etwas glaubte. Denn wenn das so wäre, würde er mich bitten, für ihn zu beten. Ich bin am nächsten Tag in eine Kirche in Bonifacio gegangen und habe eine Kerze für ihn angezündet. Ich habe mich dann auch in eine Bank gesetzt und für ihn gebetet, weil ich irgendwie schon glaube. An etwas, das größer ist als wir. An Gott direkt kann ich nicht glauben, aber ich kann „zu jemandem" beten. Als mein Vater einen schweren Unfall hatte, habe ich, bei ihm sitzend und auf Rettung wartend, gebetet. In meiner großen Krise letztes Jahr habe ich immer wieder gebetet, dass dieser Horror endlich ein Ende hat. Ich bete für jemanden, dem es schlecht geht, und ich glaube immer wieder einmal an etwas, das größer ist als wir.

Aber noch habe ich, so Gott – oder wer auch immer – will, ausreichend Zeit, mich dem Thema Tod anzunähern. Noch oder gerade endlich wieder darf ich dieses schöne Leben in vollen Zügen auskosten und bin (wieder) gesund und glücklich. Aber ich werde mich in den kommenden Jahren wohl oder übel gerade mit dem Abschied von geliebten Personen auseinandersetzen müssen. Eine sicherlich schwierige Erfahrung, die meinen inneren Reifeprozess noch einmal ankurbeln wird.

Wo man singt, da lass dich nieder

Musik ist meine große, heimliche Liebe. Sie ist für mich Lebenselixier, ich brauche sie wie die Berge und das Meer. Auch wenn ich vom Können eines Profis weit entfernt bin – selten fühle ich mich so glücklich, wie wenn ich musiziere. Ich wäre gerne Sängerin geworden. Oder Saxofonistin. Aber dazu hat mein Ehrgeiz leider nicht gereicht. So war meine musikalische Karriere mehr als bescheiden und lässt sich kurz zusammenfassen in ein Jahr Klavier, zwei Jahre Blockflöte, vier Jahre Geigenunterricht, zwei Jahre Bratsche. Insgesamt brachte ich den Unterricht in jungen Jahren eher lustlos hinter mich und war letztlich einfach zu faul. Oder hatte ich nicht die richtigen Lehrer? Meine siebzehnjährige, wunderbare Nichte hat gerade zum wiederholten Mal „Prima la musica" gewonnen und wenn ich ihr zuhöre, dann erahne ich das Glück und die tiefe Befriedigung, die einen überkommt, wenn man ein Instrument wirklich gut spielen kann.

Wenn ich an Musik und Musikalität denke, fällt mir meine liebe Schwester Roswitha ein. Roswitha ist ein Wunder an Energie und Disziplin und wuppt ihr Leben in einer zutiefst beeindruckenden Art und Weise. Ich bewundere ihre Kraft, ihren Witz und ihre Kreativität. Wenn sie sich etwas vorgenommen hat, zieht sie es durch. Egal, ob es sich um eine Wanderung handelt, ein einzustudierendes Musikstück oder eine private Veränderung. Sehr taff, sehr stark. Als Kind war sie in einigen Bereichen besser als ich, vor allem hat sie konsequenter Cello gespielt als ich Geige, und das ist heute noch so. Sie musiziert immer wieder einmal mit Freund:innen, was ich auch tue, sie aber mit und ich ohne Noten nach Gehör, weil ich schlecht vom Blatt Geige spielen kann. Dazu müsste ich regelmäßig mit jemandem musizieren und die Stücke üben – wie meine Schwester das tut. Sie ist eine Zeit lang sogar zum Unterricht nach Wien gefahren, weil es dort bessere Lehrer:innen gab. Als sie am Theater startete – sie ist auch Schauspielerin –, gewann sie früh einen Nachwuchspreis, was mir nie gelang. Aber obwohl sie eine sehr gute Schauspielerin ist, entschied sie sich aus wirtschaftlichen Gründen dazu, auf Lehrerin umzusatteln, und ermöglichte so ihrem Mann, in seinem Beruf zu bleiben – wie so viele Frauen. Sie investierte in weiterer Folge viel Liebe und Kraft in die Ausbildung ihrer Kinder, die nicht nur alle drei turnen, sondern auch alle drei Instrumente spielen, in beiden Bereichen gewinnen sie abwechselnd Preise. Ihre älteste Tochter ist nicht zufällig eine hervorragende Oboistin und ihre zweitälteste Tochter eine gute Cellistin, und ihr Sohn spielt Posaune und wenn die ganze Familie anlässlich irgendeiner Familienfestivität musiziert, dann ist nicht nur mein Vater zu Tränen gerührt. Manchmal führt Roswitha auch meine Nichten und Neffen in die Berge und auch da ist sie eine wunderbare, starke Leitfigur und sehr liebevolle Tante.

Als Kind unternahm ich viel mit ihr, weil unsere Interessen ähnlich waren. Wir spielten und stritten und schworen uns eines Tages, als wir „Schneeweißchen und Rosenrot" waren, ewig beieinanderzubleiben. Die eine sagte: „Wir wollen uns nie verlassen!", und die andere antwortete: „Solange wir leben nicht!" Das wird hoffentlich noch eine Weile dauern, mal schauen, ob sich das umsetzen lässt.

Wir konnten früher beide schlecht stillsitzen und turnten als Kinder viel, bauten mit den berühmten „Schaumgummikissen" in unserem Garten beispielsweise Burgen und Türme, um sie dann unter großem Gejohle einstürzen zu lassen. Auch musikalisch verstanden wir uns und zogen gerne los, um in Kirchen zweistimmig zu singen. Ich bedaure sehr, dass wir so weit voneinander entfernt wohnen, wie mit den anderen Schwestern auch würde ich viel dafür geben, sie und ihre Familie öfter zu sehen. Ach ja, was unbedingt noch festgehalten werden muss: Man kann mit ihren Kindern so extraordinär herrlich rumblödeln! Bei unseren Treffen in Wien haben wir es immer sehr lustig. Gut, dass sie jetzt bald alle so alt sind, dass sie uns sogar selbstständig besuchen kommen können.

Zurück zu meiner Musik: Vor zehn Jahren, auf meiner ersten Theatertournee mit „Gut gegen Nordwind", begann ich mich dem Akkordeonspiel zu widmen, um meine freie Zeit sinnvoll zu füllen. Mit der linken Hand ringe ich ihm immerhin die wichtigsten Durakkorde ab, zur rechten Hand bin ich nie gekommen. Die ruht beim Spielen leider nutzlos auf dem Instrument. Schade eigentlich. Zur Geige greife ich mittlerweile wieder, aber ohne Noten, nur nach Gehör. Zum Beispiel, wenn ich in unserer „Corona-Band" spiele und singe, die ich vor einigen Jahren während der Pandemie mit Freundinnen und Freunden gegründet habe und die sich bis heute, wenn auch seltener, trifft.

Am liebsten singe ich, gerne auch mit Klavierbegleitung. Otmar Binder, ein fabelhafter Pianist und Freund aus Schauspielschulzeiten, begleitet mich regelmäßig bei meinen Lesungen. Ich singe dann auch das eine oder andere Lied. Das macht mich zutiefst glücklich, in diesen Momenten bin ich ganz bei mir. Schön wäre, wenn sich künftig noch viel mehr Kooperationen mit Musikern ergäben. Ich höre leidenschaftlich gern zu, wenn andere musizieren. Wie bei meiner musikalischen Lesung „Wien um 1900", bei der ich Texte von Arthur Schnitzler, Alexander Girardi, Stefan Zweig und Berta Zuckerkandl vortrage, von Sigmund Freud und natürlich Karl Kraus. Zwischen den Lesepassagen spielt ein Trio, bestehend aus einem Geiger, einem Cellisten und einer Pianistin. Die Stücke berühren mich. Wenn die Musiker den Walzer von Schostakowitsch oder das „Liebesleid" von Georg Kreisler anstimmen, bin ich im siebten Himmel.

So groß das Angebot an Musikveranstaltungen ist, so selten entschließe ich mich zu einem Konzertbesuch oder nehme mir die Zeit dafür. Ich liebe die Klassik – aber irgendwie führt diese wunderbare Musik immer dazu, dass ich einschlafe, sosehr ich mich auch dagegen wehre – und das ist mir dann schrecklich peinlich. Auch Jazz mag ich, aber eher den ruhigen, sanften. Zu nervöse Töne halte ich schwer aus. Ich mag gefühlvolle, eher langsame Stücke. Die verträumte Filmmusik von „Il Postino" von Luis Bacalov beispielsweise oder Ennio Morricones wehmütige Klänge zu „Der Profi". Auch das bittersüße „Mi sono innamorato di te" von Luigi Tenco zählt zu meinen Favoriten und geht mir jedes Mal aufs Neue unter die Haut. Schwerer Rotwein, stürmische See und sehr laut dieser Song ... Es ist verrückt, aber meine Playlisten strotzen vor schweren, gefühlvollen, melancholischen Liedern. Meine Söhne schütteln jedes Mal ungläubig den Kopf, wenn ich (ausnahmsweise) meine Playlist im Auto abspiele.

Ich reagiere überaus sensibel auf jede Art von Musik – leider. Das hat so bizarre Formen angenommen, dass ich Lokale oder Geschäfte mitunter fluchtartig verlasse, in denen es zu laut ist oder mir die Musik nicht gefällt. Mein Mann stirbt regelmäßig mehrere Tode, wenn ich die Betreiber bitte, das Lied zu wechseln oder zumindest leiser zu drehen. Es ist gar nicht so einfach, mit mir auszugehen. Wird mir zumindest gesagt.

Wenn man so emotional auf Musik reagiert, kann das wunderschön sein. Aber auch irre anstrengend, wenn mich dann plötzlich eine große Traurigkeit erfasst. Triggert sie mich positiv, verführt sie mich zum Tanzen. Dann springe und tänzle ich ein bisschen in der Küche umher und denke an die vielen lustigen Bälle, die ich in meiner Jugend in Graz im Winter besucht habe und die bis in die Morgenstunden gingen. Besonders gern mochte ich die Standardtänze, Walzer, Rumba, Cha-Cha-Cha ... Es ist schade, dass ich hier in München kaum mehr tanze. Leider gibt es keine Bälle und irgendwie haben wir es verabsäumt, unsere Jungs zu einer Tanzschule zu motivieren, wodurch wir wenigstens einen Tanzschulball besuchen hätten können. Ich müsste einfach nach Österreich fahren, um wieder einmal ordentlich das Tanzbein zu schwingen.

Insgeheim hoffe ich ja, dass die eine oder andere Dame diese Zeilen hier liest und „Da hätte ich aber eine Idee!" ausruft und sich vielleicht eine Einladung zu einem Ball zu mir auf den Weg macht. Wer weiß, welche Überraschungen der nächste Winter bringt?

****

Im Frühling 2021 kam meiner Freundin Verena und mir die Idee, eine Band zu gründen. Eine Corona-Band! Damals

durfte man pandemiebedingt nicht einmal mehr ohne ausreichend Abstand auf einer Parkbank nebeneinandersitzen.
Nur die Hundebesitzer waren freier – ein Hund verstand ja
nichts vom Virus und ließ sich schlecht dazu erziehen, sein
Geschäft in der Wohnung zu verrichten.

Für mich, „eingesperrt" in unserer Stadtwohnung unter
dem Dach, waren die Lockdowns hart. Also flüchtete ich oft
zu meiner Freundin aufs Land. Dort konnte ich mich un-
gehindert bewegen. Bei einem unserer Treffen dachten wir
über unsere Wünsche für die Zukunft nach. Verena erzählte,
dass sie eigentlich schon immer Kontrabass spielen lernen
wollte. Prompt organisierte unsere Freundin Hilli einen ge-
liehenen Kontrabass, den wir der sehr überraschten Verena
wenig später überreichten. Auch einen Lehrer hatte sie aus-
findig gemacht. Mit meinem bescheidenen Geigenspiel und
Verenas Anfängerkönnen war da aber erst mal an kein echtes
Zusammenspiel zu denken. Bis Annette, eine sehr musikalische Freundin, sich unser erbarmte und Struktur in die Sache
brachte. Annette spielt fantastisch Querflöte und Klavier,
singt, kann arrangieren und transponieren – also die Tonlage
verändern, wenn sie nicht zur Stimme passt. Als Gitarristen
stießen mein Kollege Michi Roll und Carlo, der auf dem Hof
arbeitete, dazu und somit war die Band geboren. Ergänzt
wurde unsere Combo durch Annettes Freund Werner als drit-
ter Gitarrist und Verenas Cousin Finn, dessen Stimme fast so
markant und verführerisch ist wie die von Elvis Presley.

Jetzt hieß es nur noch, Lieder zu finden, auf die alle Lust
hatten. Gar nicht so einfach. Bei Schönwetter probten wir
draußen auf der Terrasse – wobei wir versuchten, Abstand zu

halten. Drinnen, wenn wir im ehemaligen Kuhstall probten, trugen wir soweit möglich brav Masken. Unser Potpourri reichte von Jazz bis Elvis-Songs, umfasste italienische Schlager genauso wie Songs von den Austro-Poppern Wolfgang Ambros, Rainhard Fendrich und STS. Wir hatten einen Riesenspaß. Wir trafen uns bald regelmäßig und begannen sogar, zwischen den Treffen zu üben – das zeigte Wirkung. Ich arbeitete viel nach Gehör, weil ich im Vom-Blatt-Spielen ja nicht so recht begabt bin, und improvisierte zur Musik. Bei manchen Liedern sangen alle mit, bei anderen übernahmen zwei oder drei die Vocals. Manche Stücke waren instrumental.

Als ich im Sommer 2020 zu Dreharbeiten in Graz war, kam doch glatt die ganze Truppe runtergefahren und ließ sich von mir die Stadt zeigen. Ich liebe es, Gäste durch Graz zu führen und die besondere Schönheit meiner Heimatstadt zu präsentieren. Der krönende Abschluss war ein Besuch an der steirischen Weinstraße auf dem Weingut meines Freundes Erich Polz. Wir gaben dort spontan ein kleines Konzert.

Die Band war mir auch in den Sinn gekommen, als ich überlegte, wie man den Menschen, die am meisten unter der Pandemie zu leiden hatten – das Pflegepersonal in den Heimen und Krankenhäusern und ihre Bewohner:innen und Patient:innen –, eine Freude machen könnte. Ich handelte mit dem damaligen Bürgermeister von Graz, Siegfried Nagl, den Deal aus, dass wir, pro bono, draußen vor den Heimen musizieren würden, wenn die Stadt einen Techniker samt Equipment zur Verfügung stellte. Ich trat dann aber nicht mit der Münchner Band auf, sondern mit dem wunderbaren österreichischen Akkordeonspieler Christian Bakanic und meiner Schwägerin Franziska Kutschera, die die zweite Stimme sang. Wir besuchten in Graz fast alle städtischen Seniorenheime, in denen wir herzlich empfangen wurden und für die wir – gut verstärkt – vor den Gebäuden auf der Straße und in ihren Gärten musizierten. Dafür wurden wir mit so vielen lächelnden und dankbaren Gesichtern belohnt, dass wir jedes Mal ganz beseelt heimgingen.

Musik verbindet und kann Herzen öffnen. In Pflegeeinrichtungen müsste viel mehr getanzt, gemalt und geschauspielt werden, ganz dringend! Täglich sollte Musik erklingen, täglich sollten die Patient:innen dazu ermuntert werden, mitzusingen, zu malen, zu tanzen. Gerade für Menschen mit Demenz wirkt Musik wie ein Ventil, das die Erinnerung an fröhliche Stunden weckt und sie im Geiste Revue passieren lässt. Ich war erschrocken und es macht mich traurig, wie wenig in manchen Einrichtungen in dieser Hinsicht unternommen wird!

Unsere Corona-Band hat nach wie vor Bestand, inzwischen gibt es einen „Jazzflügel" und die altbewährte Cover-Band. Verena hat auf ihrem Kontrabass große Fortschritte gemacht. Mittlerweile werden wir im Freundes- und Bekanntenkreis für Geburtstage, Hochzeiten oder Taufen gebucht und spielen da in unterschiedlicher Besetzung fröhlich auf. Musik ist mein Stimmungsaufheller, mein Allheilmittel, egal, wie sehr meine Laune vor einer Probe oder einem Auftritt im Keller ist. Ohne Musik ist mein Leben nicht vorstellbar. Wie heißt es so schön: Wo man singt, da lass dich ruhig nieder!

Im Februar 2023 war ich seit dreihundertfünfzig Tagen fast ausschließlich zu Hause. Im Jahr 2021 reiste ich in drei Monaten an zwanzig verschiedene Orte, im gesamten Jahr 2022 bewegte ich mich beinahe nicht. Es passierte das, wovor ich schon seit frühen Jugendjahren Horror hatte – ich war gezwungen, daheim zu hocken. Im wahrsten Sinn des Wortes. Dabei war ich doch von Natur aus eine Reisende, Neugierige, immer auf der Suche nach Abwechslung und Abenteuer. Eine, die nicht stillsitzen konnte, eine Unruhige, eine Getriebene. Und die Rechnung ging bis vor einem Jahr ganz wunderbar auf! Nur dann plötzlich eben nicht mehr. Von heute auf morgen alles vorbei.

All das, was es für ein gemütliches Zuhause brauchte, war nie meine große Stärke. Ich war kein Home Girl. Ich kochte schlecht und ohne Leidenschaft, ich dekorierte kaum, bügelte nicht, putzte ungern. Haushalt interessiert mich einfach nicht. Was ich liebte, war das Zusammensein mit meinen Kindern, aber die waren erwachsen. Die Säulen meines Settings daheim brachen Stück für Stück weg und ich saß auf einem Scherbenhaufen. Morgens, mittags, abends daheim. Essen kaum auswärts, weil das Geld knapp wird, wenn man ein paar Monate nicht arbeitet. Zusehen, wie die Linden vor dem Haus frühlingshaft austreiben, in Saft und Kraft stehen und blühen, welk werden und die Blätter verlieren. Es war zum Verrücktwerden.

Was das ständige Daheimbleiben mit den Menschen machte, konnte man in der Coronazeit mitansehen, als es vielen so ging wie mir. Die Decke fiel mir so hart auf den Kopf, dass ich wochenlang Kopfschmerzen hatte. Ich konnte den

Lebensrhythmus der Nachbarn im Detail beschreiben, nahm alle Pakete von Amazon an und wusste, wann die Müllabfuhr kam. Ich kannte den Mann am Kiosk und die Verkäuferin beim Bäcker, weil ich Zeit für ein Pläuschchen hatte und informiert war, wann es Zeit war, zum Briefkasten zu gehen. All das, vor dem ich immer geflüchtet war, holte mich nun ein: der ganz normale Alltag.

Mein Mann spottete gerne: „Gell, du willst wieder auf die Hüpfburg!" Und wenn ich ihn ob dieser Formulierung strafend anschaute, zuckte er mit den Schultern und sagte: „Dann mach! Was hindert dich?" Mit der Hüpfburg meinte er das Filmset, das ich so schmerzlich vermisste. Oder die Bühne! Zumindest gab es kleine Lichtblicke. So wie die Lesung „Wien um 1900 – Die fröhliche Apokalypse", bei der ich gemeinsam mit den wunderbaren Musiker:innen Peter Clemente (Violine), Jiří Barta (Violoncello) und Isabel Lhotzky (Klavier) auf der Bühne stand. So eine tiefe Freude. Wenn ich in meinem Beruf arbeiten konnte, war ich fast immer glücklich. Die „Hüpfburg" indes sollte noch einige Zeit fehlen. Zu Hause drehte ich am Rad.

Nur nachts haderte ich nicht mit dem Home Girl. Nachts schlief ich. Aber es half nichts, ich musste mich arrangieren, mich zwingen, Rezepte auszuprobieren und zwischendurch einen Kuchen zu backen, musste mir die Zimmer heimelig gestalten und musste mich an die Rudermaschine setzen. Ich wünschte mir nichts mehr als einen Job, der jeden Tag auf mich wartete und mir Struktur gab. Bis dahin versuchte ich mich zu disziplinieren: morgens Yoga, dann duschen und frühstücken, dann hinaus zum Walken oder an den

Schreibtisch zum Schreiben. Die klugen Coaches und Therapeuten raten zu einer To-do-Liste, die man abarbeiten soll. Die legte ich also auch an. Und arbeitete sie brav ab. Und hoffte insgeheim täglich auf die kleine Fee, die mir einen Job am Set oder auf der Bühne herbeizaubern würde und mich wieder in die große weite Welt entschwinden ließe, die ich so liebte.

Aber die Fee ließ auf sich warten. Den Sommer 2022 verbrachte ich nämlich zu Hause. Statt in unterschiedlichen Locations zu drehen, pendelte ich nur zwischen dem Haus meiner Freundin und unserer Wohnung. Ich ging mit Marcus jeden Tag schwimmen, entweder in der eiskalten und erfrischenden Isar oder im Prinzregentenbad direkt vor unserer Haustür, ich schrieb Tagebuch und suchte regelmäßig eine Osteopathin auf. Ich versuchte so schnell wie möglich gesund und fit zu werden, ich wollte arbeiten! Ich hatte die Hauptrolle für einen Kinofilm in der Tasche, mit Drehbeginn im September. Ich freute mich so auf die Rolle wie schon lange auf keine mehr und stand mit dem Regisseur im regen Austausch. Ich war bereits mit dem Spinning-Training für die Rolle zugange und hatte mich mit der Frau getroffen, deren Geschichte erzählt werden sollte. Alles war vorbereitet.

Dann kam mein Breakdown und ich wollte nicht denselben Fehler machen wie zwei Monate davor mit den Produzenten von „Zimmer mit Stall". Also rief ich den Regisseur an und erzählte ihm, dass es mir nicht gut ging. Er reagierte erstmal verständnisvoll und schlug vor, Probeaufnahmen zu machen. Ich fuhr nach Wien. Und ich kämpfte, verbittert, hatte den Text für fünf lange Szenen in meinen Kopf gepaukt und spielte quasi um mein Leben. Ich wollte diese wunderbare

Rolle um jeden Preis ... aber ich bekam sie nicht. Antonin nahm mich nach drei Tage beiseite und sagte: „Aglaia. Ich brauche für diese Rolle etwas anderes. Dein Kopf ist nicht mit deinem Bauch verbunden. Du bist nicht stark genug, momentan. Und umbesetzt war ich. So schnell geht das. Und das tat weh.

Unser jüngerer Sohn war auf Reisen, ich war mit meinem Mann allein. Kein Kind, kein Job, und eine bedrohliche Fülle an unverplanten Wochen lag vor mir. Nicht gut. Gar nicht gut. Warum hatte ich mir kein ordentliches Hobby zugelegt? Kochen? Klettern? Gärtnern? Ich spielte schlecht Geige und noch schlechter Akkordeon, ging nicht in die Sauna und hatte keine Freude am Kartenspiel. Löste keine Sudokus und spielte nur sehr bescheiden Schach. Nicht einmal als Joggerin konnte ich mich bezeichnen. Das Einzige, was ich – wirklich selten – unternahm, waren Wanderungen, Skifahrten oder Skitouren. Ich musste mich langsam von meinen Ängsten befreien. Wie ein kleines Kind, das Schreiben oder Rad fahren lernt, musste ich mich auf Neues einlassen. Mich meinen Ängsten stellen und lernen, allein in einen Lift zu steigen, allein in der Stadt unterwegs zu sein. Lernen, ruhig in der Wohnung zu bleiben, auch wenn Marcus Rad fahren war. Spazieren oder walken zu gehen. Erst kurz, dann ein wenig länger, dann noch ein bisschen länger. Es war mühsam. Schmerzhaft. Langwierig. Mein Mann und Verena leisteten Großartiges. Voller Liebe und Geduld. Machten mir Mut, immer wieder, über Monate. „Du schaffst das!"

Langsam ging es bergauf. Allmählich. Dank ihrer Hilfe eroberte ich mir meine Freiheit zurück. Telefonierte anfangs mit ihnen, während ich das Überwinden belastender Situationen trainierte – das Durchfahren durch einen Tunnel, das Stehen im dicht gedrängten Waggon einer U-Bahn, das Fahren mit dem Lift, übrigens immer noch nicht meine Lieblingsbeschäftigung. Behutsam und ganz zart wurde es besser. Ich kam zusehends ohne Herzklopfen und Schweißausbrüche durch Situationen, die mir zuvor Angst bereitet hatten. Fruchteten die Therapien? Hatte ich begonnen, all die Veränderungen zu akzeptieren, und kämpfte nicht mehr dagegen an?

Ab dem Winter 2022 traute ich mich wieder, allein zu verreisen. Peu à peu. Schöner war es zu zweit. Aber es ging. Im kommenden Frühjahr standen Dreharbeiten auf Korsika und auf einem Schiff an! Ich freute mich unbändig darauf. Auf die Aussicht, erneut in der Welt herumzudüsen und meine fröhliche Neugierde zu ihrem Recht kommen zu lassen. Auf Begegnungen mit interessanten Menschen. Auf neue Orte und Erfahrungen. Auf ein Ende davon, nur um mich selbst zu kreisen. Und darauf, wieder zu tun, was ich immer geliebt hatte: Das Filmteam gleich am ersten Tag in mein Hotelzimmer einzuladen, um einen guten Start in unsere Arbeitszeit zu feiern, stundenlang herumzustromern und fremde Orte zu entdecken. Ich hatte gelernt, die Dinge anders einzuordnen, und nahm nichts mehr als selbstverständlich hin. Ich wusste jetzt alles besser zu schätzen, würde vorsichtiger reisen. Und handeln. Bewusster. Ich würde weiterhin üben. Allein sein üben. Auch einen liebevolleren Umgang mit mir. Und Dankbarkeit. Dankbarkeit, Demut und Bescheidenheit leben. Und mich bis zum Exzess selbst umarmen ... weil das war das, was mir in der Therapie immer wieder gesagt wurde. „Lerne, dich selbst zu umarmen, wenn kein anderer da ist.“

****

Freude, Leichtigkeit, Zuversicht. Stück für Stück arbeitete ich mich zurück in mein altes Leben, das doch irgendwie anders und neu war. Ich besuchte weiter meine Therapeutinnen, zu denen ich bis heute regelmäßig gehe. Das hilft mir und stabilisiert mich. Es ist zunächst schwer, sich auf eine Therapie einzulassen, aber ich möchte euch an der Stelle sagen: Traut euch, probiert es aus, es unterstützt und hilft, um aus einer Krise rauszukommen.

Vor Weihnachten hatten vier Lesungen stattgefunden, die wunderbar waren und für die es begeistertes Feedback gab. Die erste Lesung war im Dezember im schönen Burgenland, Otmar Binder kam aus Wien dazu und mit ihm am Klavier sang ich ein paar Lieder und trug humorvolle weihnachtliche Texte vor. Mit Verena, die mich begleitete, ging ich im Regen am Neusiedlersee spazieren, wir ließen uns in der Sauna verwöhnen und ich hatte auf dieser Reise die ganze Woche keine Angst – endlich einmal! Die zweite Lesung fand im steirischen Schladming statt. Ich trat mit einem Chor der Musikschule, einer Sängerin sowie einer Pianistin auf. Ich mochte unser Programm, weil meine Geschichten umhüllt wurden von der wunderbaren Musik. Für die dritte Lesung verschlug es mich in eine wunderschöne alte Villa in Tutzing am Starnberger See. Gemeinsam mit Alexander Netschajew, den ich aus meiner Zeit am Stadttheater Würzburg kannte, las ich die „Love Letters“ von A. R. Gurney in einem äußerst stimmungsvollen

Ambiente vor einem offenen Kamin. Die alte Villa, der Blick auf den See und das knisternde Feuer sorgten für eine besondere Atmosphäre. Die Lesung machte mir mit meinem Hang zum Melodramatischen großen Spaß, weil ich in diesen Briefen mit einer Frau verschmelzen konnte, die emotionale Achterbahnfahrten vom Feinsten durchlebt – einer depressiven Malerin, die mehr und mehr dem Alkohol verfällt und viel zu früh stirbt. Ich liebe es, meinen Schmerz, meine Ängste, aber genauso meine Fröhlichkeit und Neugierde in mein Spiel zu legen, und es fällt mir nicht schwer, dabei tief in die jeweilige Figur einzutauchen. Die vierte Lesung schließlich fand im Haus von guten Freunden statt, wo das Geburtstagskind sich wünschte, dass jeder Gast sein Lieblingsgedicht mitbrachte. Ich trug Gedichte von Heinrich Heine, Rainer Maria Rilke und Joseph von Eichendorff über Mascha Kaléko und Bertolt Brecht bis hin zu Erich Kästner und Ernst Jandl vor. Eine große Freude.

****

So. Also. Wann immer ich in unangenehmen Situationen stecke, versuche ich sie mir durch Humor erträglicher zu machen. Ich glaube fest an die befreiende Wirkung des Lachens – auch wenn man nur über sich selbst lacht. Auch in dieser Krise hat mir mein Humor immer wieder geholfen. Humor ist für mich lebensnotwendig. Als es mir so schlecht ging, empfand ich keine Freude mehr und nahm an den Unterhaltungen rund um mich kaum teil. Schrecklich, wenn die Mundwinkel mehr und mehr nach unten ziehen. Man den Ausdruck eines Lächelns, ganz zu schweigen von echtem, herzlichem Lachen, nicht mehr hinbekommt. Das ging lange so und diese Phase gehört sicher zu den bittersten meines Lebens. Umso schöner, dass ich jetzt meine Fröhlichkeit zurückgewonnen habe und so viel und laut lache wie eh und je.

Es heißt: Humor hat man – oder eben nicht. Den Sinn für die Freude an der Pointe, die Fähigkeit, charmanten Witz zu versprühen. Den bekommt man im besten Fall vom Elternhaus mit. Oft ist die Art, Witze zu machen, eins zu eins die unserer Eltern.

Es gibt kaum etwas Schöneres, als mit guten Freundinnen und Freunden Zeit zu verbringen und zu lachen. Lachen ist gesund, Lachen heilt, wenn ich lache, bin ich frei. Ich bin überzeugt, dass in jedem Menschen ein kleiner Clown sitzt, auch im humorlosesten. Man muss ihn nur rauskitzeln. Ich habe mich nur in Männer verliebt, deren Humor ich teilen konnte. Marcus hat einen sehr speziellen, trockenen Witz und kann – manchmal – über sich selbst lachen, was im Übrigen auch auf unsere Söhne zutrifft.

Viele meiner Freundschaften, besonders jene mit Männern, definieren sich durch eine ähnliche Art des Humors. Wenn man sich – und das passiert in unserer Branche oft – nach langer Zeit wieder trifft und nahtlos an den Schmäh von damals anknüpft, ist das schon etwas Besonderes. Oft haben meine Kolleginnen und Kollegen Witz. Und sind brillante Erzähler. Überhaupt ist es so, dass an österreichischen Sets wesentlich mehr gelacht wird als an deutschen. Ich mag den österreichischen Humor und freue mir immer einen Ast ab, wenn ich in meiner Heimat drehen darf. Ich schätze dort vor allem die Kunst der Selbstironie. Die Fähigkeit, nicht alles so ernst zu nehmen und auch mal herzlich über sich selbst zu lachen. Der krasse Gegensatz dazu – ich übertreibe! – ist das dumpfe, konzentrierte, deutsche Arbeiten. Mit einem schlecht gelaunten Regisseur, einem grantigen Kameramann und einem deswegen super angespannten Team. Ich brauche Lockerheit und Leichtigkeit, Wärme am Set. Sonst verkrampfe auch ich mich.

Während meiner ersten Engagements in Krefeld, Würzburg und Münster war ich teilweise irritiert über die alltägliche Humorlosigkeit der Deutschen, wenngleich ich am Theater stets witzige Leute traf. Und nach dem Umzug nach Hamburg 1997 wurde es besser. Der Hanseat pflegt einen besonderen, fast schon englischen Humor. Ich habe das geliebt. Auch in München, wo wir seit 2001 leben, lugt durchaus der eine oder andere Witzzipfel hervor.

Zurück im Leben!

Vieles, das früher selbstverständlich war, empfinde ich heute als Geschenk. Weil ich es lange nicht konnte, ist es heute umso schöner. Zug fahren und in die Landschaft schauen. Leuten zulächeln. Ein kurzes Gespräch führen, ein kleines Nicken. Ich lebe mehr im Augenblick, bin mehr im Hier und Jetzt, wie es heißt. Das Gespräch war mit dem Chef des Bordbistros, der mir den Kaffee spendierte, weil sie leider keine glutenfreien Speisen im Angebot führten. Und die Sonne kam ein bisschen hervor und tauchte die vorüberziehende Landschaft in ein freundliches Licht. Ich kann es wieder. Das Dahingleiten genießen und Vertrauen spüren, dass das Leben schon gut weitergehen wird. Pläne schmieden. Mich verabreden. Mich zurücklehnen und kurz die Augen schließen. Und mich endlich wieder auf die Zukunft freuen. Wie lange musste ich auf dieses Gefühl warten. Es ist zurück.

Im Frühling 2023 war es endlich so weit, dass ich richtig in meinen Beruf zurückkehren konnte. Die Lesungen rund um Weihnachten hatten mich schon glücklich gemacht, endlich durfte ich wieder auf der Bühne stehen und eintauchen in einen Text oder ein Lied. In eine Geschichte. Nun. Die Lesungen waren gut zu schaffen, weil ich jeweils nur für ein paar Stunden funktionieren musste. Das war erst mal leichter hinzukriegen als ein Drehtag und besonders als viele Drehtage hintereinander. Aber die kamen im April 2023. Nachdem ich mein Umfeld monatelang mit dem Satz: „Ich muss wieder arbeiten!" verrückt gemacht hatte, standen nun plötzlich Dreharbeiten für drei Filme vor meiner Nase. Drei! Ich war aufgeregt. Einmal fürs Kino mit dem Arbeitstitel „Hades" in Wien und zwei Filme für den Sonntagabend im ZDF. Die Herausforderung war allerdings, dass sie auf

Korsika und im Schwarzwald gedreht wurden. Das bedeutete, ich musste reisen.

Vier Wochen zuvor, als ich mich entscheiden musste, ob ich für die Filme zusagen würde, steckte ich noch mitten im Kampf, mich wieder an das Alleinsein und das Alleinreisen zu gewöhnen. Gelegentlicher Zweifel überkam mich. Je näher die Dreharbeiten rückten, desto unruhiger wurde ich. Doch was war die Alternative? Weiter in München zu hocken und die Decke anzustarren? Während mein Mann arbeiten ging, unsere Söhne in Griechenland und Berlin vergnügt ihren Studien und Jobs nachgingen und auch meine berufstätigen Freundinnen wenig Zeit hatten? Ich hatte keine Lust mehr, weiter arbeitslos am Rockzipfel von ihnen allen zu hängen. Der Druck, unter dem wir Schauspieler:innen stehen, ist groß. Wenn du nicht drehst, fragst du dich andauernd, warum das so ist, und zweifelst an deinem Können. Wenn du drehst, musst du funktionieren und darfst dir keine Schwäche erlauben, weil die Produktion das sofort erfährt und dich als Risiko für das Weiterdrehen einstuft. Und im schlimmsten Fall hinauswirft und umbesetzt.

Zum ersten Mal in meinem Leben hinterfragte ich meine Entscheidung, Schauspielerin zu werden. Hätte ich weiter Medizin studiert, wäre ich jetzt Ärztin und wäre ich angestellt, hätte ich die Möglichkeit, nach der Pause langsam wieder in meinen Job einzusteigen. Oder wäre vielleicht gar nicht in eine solche Krise geschlittert.

Eine sanfte Rückkehr, Schritt für Schritt. Und nicht: bumm, zack, wieder ans Set. Doch hätte ich eine kleine Rolle angenommen – sofern die mir überhaupt angeboten worden wäre –, würde es heißen: „Sieh an, die Szyszkowitz scheint nicht mehr gefragt zu sein!" Also konnte ich nur mit einer Hauptrolle zurückkommen. Schauspieler:innen haben kein Netz und keine Sicherheit, und auch eine kostspielige Berufsunfähigkeitsversicherung hilft nicht unbedingt – in einem Fall wie meinem zumindest. Bei längerer Krankheit gibt es weder Geld noch Unterstützung. Zwischen Erfolg, rotem Teppich und Rampenlicht auf der einen Seite und existenzieller Not und Zukunftsangst auf der anderen ist es manchmal nur ein kleiner Schritt. Es ist ein harter und ständiger Kampf um den nächsten Job. Vor allem Kolleg:innen, die nur am Theater arbeiten und nicht drehen, verdienen einfach nicht genug und leben permanent in existenzieller Anspannung. Wenn sie noch dazu alleinerziehend sind, ist das Ganze noch schwieriger. Geht sich die Miete für den nächsten Monat aus? Muss ich aus München wegziehen? Den Beruf wechseln? Zu all diesem Stress der Druck, schön, schlank und jugendlich rüberzukommen. Das trifft uns Frauen stärker als unsere männlichen Kollegen und der Kampf ums Aussehen wird in unserer Branche härter geführt als in den meisten anderen Berufen. Auch mich bedrohen nun Dinge, die ich früher nicht registriert habe. Plötzlich muss ich mich rückversichern, dass jemand für mich da ist. Ich Unterstützung habe beim Arbeiten. Ich musste die ersten Schritte zurück in den Job genau planen.

Es lief gut! Ich arbeitete in Wien zwei Tage, stieg eine Woche später ins Auto und fuhr mit Verena nach Florenz. Am nächsten Tag weiter nach Livorno, wo wir mit der Fähre nach Korsika übersetzten. Auf der Insel angekommen, mussten wir noch den Weg von Bastia nach Porto-Vecchio zurücklegen.

Schließlich kamen wir nachts an und gingen erst einmal essen, weil wir das den ganzen Tag über nicht geschafft hatten. Am folgenden Tag hatte ich Kostüm- und Maskenprobe und tags darauf wurde bereits gedreht. Ich war nervös, aufgeregter, als man es am ersten Drehtag ohnehin ist. Auch, weil gleich zu Beginn die Schlussszene des Filmes auf der Dispo stand und ich wusste, dass sie heikel war. Für diese Szene mussten mein belgischer Partner Filip Peters und ich leichtfüßig auf einem Felsen im Wasser herumklettern, damit das Leuchten des Meeres im Hintergrund so richtig schön zur Geltung kam. Alle gaben ihr Bestes – mal sehen, was dabei herauskommt. Ich war jedenfalls glücklich, wieder arbeiten zu dürfen und zu merken, dass man das Spielen nicht verlernte. Sondern ganz im Gegenteil, es wie ein Nachhausekommen war.

****

Ende April 2023. Korsika. Ich bin am Strand. Das sanfte, regelmäßige Rauschen der kleinen Wellen bringt meine Gedanken zur Ruhe. Ich blicke auf türkisfarbenes Wasser. Ein unendlich schönes Gefühl von Zufriedensein, das ich so lange vermisst habe, überströmt mich. Das Gefühl, da, wo ich bin, richtig zu sein. Ich kann nach langen Monaten der Anspannung endlich wieder loslassen. Zuversichtlich sein. Ansatzweise darauf vertrauen, dass das Leben gut weitergeht. Ich nicht an Einsamkeit sterbe und von der Welt fallengelassen werde. Keine Angebote mehr erhalte und den Beruf wechseln muss. Mein Mann mich verlässt und meine Söhne den Kontakt auf ein Minimum reduzieren, weil ich sie nerve. Meine Agentur mich rausschmeißt. Meine ursprüngliche Schönheit gänzlich verschwindet und ich zu einem kleinen, dicken Etwas mutiere, das mitleidig von Freundin zu Freundin gereicht wird mit den Worten: „Nimm du sie bitte mal, ich kann nicht mehr!" Doch das ist zum Glück vorbei.

Ich habe das Spielen so sehr vermisst in diesem langen Jahr und jedes Mal, wenn ich an einem Drehort vorbeikam, gab es mir einen Stich ins Herz, weil ich mich so danach sehnte. Und jetzt ist es so weit! Wir – die Schauspielerkolleginnen und -kollegen – wohnen hier alle in Appartements in einer großen Anlage. Schon bald haben wir begonnen, abwechselnd bei einer oder einem von uns abends Party zu machen. Allerdings nur an den drehfreien Tagen, an den Arbeitstagen bleibt dafür keine Kraft. Ich habe eine besonders nette Kollegenschaft und eine wunderbare Regisseurin. Tina Kriwitz. Und langsam, aber sicher fasse ich Vertrauen zu mir und zweifle nicht länger an der Tatsache, dass ich arbeiten kann. Yes! In der Früh um sechs in die Maske, dann in die Garderobe, um acht Uhr Shuttle zum Set, das morgen in der schönen korsischen Stadt Bonifacio, an der Südspitze der Insel, sein wird. Abends Text wiederholen und früh ins Bett. Mein Mann hat sich Zeit genommen und bleibt vierzehn Tage bei mir.

Das, was ich mir lange gewünscht habe, ist passiert. Ich bin dankbar und glücklich, dass ich mein „altes Leben" zurückhabe. Es zeigt sich noch etwas wacklig, aber mit jedem Schritt gewinnt es mehr und mehr an Sicherheit. Mal sehen, wie sich die nächsten Tage und Wochen entwickeln. Es bleibt spannend.

Gerade vorhin erinnerte Marcus mich an meine Worte vor ein paar Monaten: „Wenn ich jetzt einen Film am Meer drehen könnte, dann wäre ich geheilt, das wäre es!" Die Entscheidung zuzusagen hatte ich mir trotzdem nicht leicht gemacht, ich wusste, es wird kein Zuckerschlecken. Es war ein Risiko, weil ich nach so vielen Monaten das Gefühl dafür verloren hatte, was ich mir selbst zutrauen konnte. Schaffte ich denn einen langen Drehtag? Ich wusste nur zu gut, dass Drehtage – so wie gestern – gut zwölf Stunden und länger dauern können und kaum Zeit zum Luftholen bleibt. Erschwerend kam hinzu, dass wir mitten in Städten drehten, die voll sind mit vorbeiflanierenden und filmenden Touristinnen und Touristen. Ich spiele eine Frau, die erwachsene Kinder hat und die mit ihrem Mann nach fünfundzwanzig Jahren ihr Eheversprechen erneuert – wie passend! Alles in allem ist die Arbeit wunderbar und ein Fest. Ich bin dankbar, dass ich mit meiner Freundin und Marcus' Begleitung und Unterstützung habe. Jetzt fehlt nur noch der Schritt ins gänzlich angstfreie Alleinsein, an dem ich weiterarbeite. Ich denke, auch der wird bald geschafft sein.

Eines ist mir bereits gelungen: Ich schlafe endlich, endlich wieder. Friedlich. Ohne hundertmal aufzuwachen. Ohne mich mit einem Gedankenkarussell im Bett zu wälzen. Unvergessen all die Tipps für erholsamen Schlaf, die doch nie verlässlich wirkten: Schlaf- und Nerventee aus der Apotheke, dazu je nach Stimmung Lavendelöl oder Melatonin-Spray, CBD-Tropfen oder beruhigende Worte aus der Calm-App, wenn gar nichts mehr half. Jetzt merke ich, wie wichtig Schlaf für die Erholung von Körper und Geist ist. Und auch für das gute Aussehen. Der Beruf der Schauspielerin ist unweigerlich intensiv an die Optik gebunden und selbst eine Meryl Streep erzählt berührend, wie tief sie getroffen war, als man ihr anfangs zu wenig Schönheit für diesen Beruf attestierte. Es ist immer noch das Aussehen, das einer jungen Frau den Einstieg erleichtert. Es braucht unvergleichlich mehr Kraft, eine Filmkarriere zu beginnen, wenn man nicht dem gängigen Schönheitsideal entspricht. Aber die Kolleginnen, die es ohne Puppengesicht weit bringen, sind dann oftmals besonders stark. Wie oft habe ich mich in Interviews für das „natürliche Altern" und gegen Botox starkgemacht. Ja, dazu stehe ich auch. Aber der Prozess des Älterwerdens ist eine einschneidende Veränderung und ich hätte mir eine leise Vorwarnung gewünscht. Eine „Einführung" in die Materie von einer reiferen Kollegin. Mit Eva Mattes, Ulrike Kriener, Michaela Rosen oder Michou Friesz habe ich beispielsweise sehr liebevolle Kolleginnen, mit denen ich immer wieder das Gespräch suche und deren Rat ich gerne einhole.

****

Und plötzlich ist er da, der Tag, an dem ich wieder glücklich bin, keine Angst mehr habe und das Leben genieße. Blauer Himmel, sanfter Wind, wir nehmen gerade Kurs auf Porto Santo, eine kleine, zu Portugal gehörende Insel im Atlantik, und vor mir ist bis zum fernen Horizont nichts als blaues Wasser. Ich bin zutiefst dankbar, dass ich mit und durch die Arbeit wieder in meine normale Drehroutine zurückgefunden habe und nach diesen vier Wochen auf Korsika und dem Schiff keinerlei Sorge mehr habe, dass ich die nächsten Filme stemmen kann. Ich spiele wieder frei, lustvoll und losgelöst von meinen Ängsten, die ich vor Beginn dieser Dreharbeiten noch stark hatte. Nach ein paar Drehtagen war ich wieder vollkommen drin und habe in der mir vertrauten Form agiert, was mich zutiefst glücklich gemacht hat und was mir gezeigt hat, dass man das Spielen – ähnlich wie das Radfahren – nicht mehr verlernt, wenn man es einmal konnte.

Mein Thema war die Angst. Die Neurowissenschaft kann uns inzwischen zeigen, was im Gehirn genau passiert, wenn wir uns ängstigen. Die Nervenzellen bauen dabei einen Weg, fast wie eine Schneise, auf der wir davonlaufen können. Blöderweise merken wir uns diesen Weg, statt einen neuen zu bauen, ich könnte auch sagen: die Perspektive zu verändern. Ein Therapeut hat mal zu mir gesagt: „Frau Szyszkowitz, viele Wege führen nach Rom, und Sie kennen sie alle. Rom steht in Ihrem Fall für die erfolgreiche Behandlung einer Angst, die Ihr Leben, Ihre Gesundheit, Ihren Alltag und Ihre sozialen Kontakte stört." Ich war in Rom, ich liebe Rom und ich habe verschiedene Wege ausprobiert. Manches Mal ist die Angst noch da, aber ich habe meine Methoden und Techniken, die mir dann helfen.

Ich bin zurück. Wieder da. Endlich! Es ist interessant, wie der Körper diese negativen Erfahrungen fast schon verdrängt und ich jetzt an meine Gefühle vor der Krise andocken kann. Die tiefe Freude über den Tag, die Sonne, die Begegnungen mit anderen Menschen ist zurück, die Freude an mir, den Dingen, die ich unternehme, und den Plänen, die ich jetzt wieder habe. Ich habe gelernt, auf mich selbst zu hören, hab keine Angst mehr vor der Angst.

Ganz zu Beginn des Buches habe ich euch, liebe Leserinnen und liebe Leser, direkt angesprochen, so möchte ich auch schließen. Wenn ihr auch mit Ängsten zu kämpfen habt und momentan verzweifelt seid, dann glaubt mir: Es geht vorbei! Lasst euch bitte von Profis helfen, je früher, desto besser. Scheut euch nicht davor, euch mitzuteilen! Sucht euch gute Therapeuten, die zu euch passen und euch sympathisch sind, und nehmt deren Hilfe in Anspruch! Redet mit euren Familien und Freunden; viele haben Erfahrung mit Krisen, traut euch, ehrlich zu sein. Gerade für Kinder ist es schwer, zu spüren, dass etwas nicht stimmt, es aber nicht benannt zu bekommen. Öffnet euch, mutet euch den anderen zu! Wenn ich jetzt mal Revue passieren lasse, wie viele Menschen mir geholfen haben, dann kann ich nur sagen: Sucht den Kontakt und erzählt von euch. Reden hilft. Und es hilft so sehr zu sehen, dass man nicht allein ist. So viele Menschen kämpfen mit Ängsten und psychischen Problemen aller Art. Tauscht euch aus! Es gibt für alle Probleme Lösungen und Krisen machen stärker, wenn man sie überwunden hat. Und man reift durch die Angst und durch den Schmerz. Ich fühle mich jetzt, im Sommer 2023, um so vieles reifer und stärker als vor einem Jahr. Das fühlt sich verdammt gut an.

Und ganz am Ende möchte ich noch sagen, dass es die Kombination aus vielen verschiedenen Faktoren war, die mir geholfen hat, das Leben neu zu lieben und wieder fröhlich zu sein. Eine große Rolle hat dabei meine Arbeit gespielt. Die als Schauspielerin. Aber auch die Arbeit an diesem Buch hier. Und die Natur, sei es eine Wanderung an einem Gebirgsbach oder einfach am Wasser die Seele baumeln lassen. Natürlich waren es auch die vielen Gespräche mit meinen liebsten Menschen – und die therapeutische Arbeit.

Ich umarme mein Leben
und ich lasse es nie mehr los.

Danke!

Es ist mir ein tiefes Bedürfnis, mich zu bedanken. Es waren so viele Menschen, die mich in den letzten Monaten begleitet, gestützt und aufgebaut haben, dass die Danksagung leider lang wird. Macht aber nix, Papier ist geduldig. Und ich habe so viele liebevolle und wunderbare Menschen um mich.

Also:
Mein Dank geht an meinen Mann Marcus, der mich liebevoll „ausbalanciert" hat, wie er es nennt, und der verlässlich an meiner Seite ist, trotz oder sogar wegen der Turbulenzen, die wir hinter uns gebracht haben.

Mein Dank geht an meine beiden wunderbaren Söhne für ihre Geduld und Liebe, für ihren Mut, sich mit mir auseinanderzusetzen, und für ihre sensible Rücksichtnahme.

Mein großer, großer Dank geht an Verena, die so wach und geduldig und liebevoll und immer optimistisch für mich da war – zu jeder Tages- und Nachtzeit. Sie war und ist mir die wichtigste Begleiterin und beste Freundin der Welt. Ich danke ihr von Herzen.

Mein Dank geht auch an Tante Ilse und Tante Gundl, die mir als Psychotherapeutinnen wertvolle Übungen an die Hand gaben und lange Gespräche mit mir geführt haben, er geht an meine Schwestern, die mich in Gedanken begleitet haben, und besonders an Gwendolin, die verlässlich, stark und liebevoll immer wieder gefragt hat, wie es mir geht. Und die mich mit Telefonaten und Besuchen so oft unterstützt hat.

Mein Dank geht an meine Mutter für ihre Hilfe bei den Fakten und ihr Mutmachen.

Und mein Dank geht an meinen Vater für sein verlässliches Interesse an meinem Leben und seine bedingungslose Liebe. Mein Dank geht auch besonders an meine großartigen Freundinnen Regine Kiefer, Angelika Fink, Sandra Limoncini, Hilli Zehetbauer, Sabine Behrend, Beate Fink, Annemarie Schullin, Maike Humann, Beate Morbach und Annemarie Mohr, Verena Huber, Karoline Ruge, Ulli Druege, Gabi Betzl, meine Kolleginnen Jule Ronstedt, Isabel Stern und Juliane Köhler, meine Kollegen Walter Sittler und Friedrich von Thun, er geht an Jochen Schölch und Lilly Forgach. Er geht an meine wunderbare Agentin Carola Studlar und an ihre Kollegin Michaela Hoff und an Anna Brauneder, er geht an meine liebevollen und zugewandten Nachbarinnen und Nachbarn Claudia Kuhn und Peter Euser und Conny und Michael Schinke.

Mein Dank geht an meine Cousinen Tessa und Friedegund und an meine Schwägerin Christiane, er geht an meinen Schwager Fabian und an seine Frau Daniela.

Mein Dank geht auch an meine Band, die Deixlband, an Annette Kerkhoff und Uschi und Fritjof von Hammerstein.

Er geht an alle Ärzt:innen und Therapeut:innen (und es waren viele), die mich auf meinem Weg begleitet haben, und an all meine lieben Mitpatient:innen!

Mein besonderer Dank geht an Gyuri Fodor.

Er geht an Martin Lorenz und Hans Hölschermann.

Mein Dank geht an die wundervolle Tina Kriwitz und ihr Team.

Und an alle, mit denen ich gearbeitet habe in dieser herausfordernden Zeit. An Anemone Krüzner und Simone Höller. An Roxy Film! An Ursel Woerner und Andreas Richter.

Mein Dank geht an Christian Jungwirth, Birgit Enge und Ruth Kappus für die wunderbaren Fotografien, an meinen Literaturagenten Axel Hegmann, den klugen und beschwichtigenden Matthias Opis von den Styria Buchverlagen, er geht an die großartige Ulli Steinwender, die viel mehr als eine tolle Lektorin in den letzten zwei Jahren war. Sie hat mich an vielen grauen Morgen erlebt, an denen es mir so schlecht ging, dass ich kaum telefonieren konnte. Sie hat das mit viel Geduld und Wärme und Humor begleitet, dass ich sie am liebsten fragen würde, wann wir das nächste Buch zusammen machen!

Danke an alle, eure Aglaia

Thank you for reading!

Wir freuen uns auf Austausch und Anregung unter
leserstimme@styriabooks.at

Inspirationen, Geschenkideen und gute Geschichten
finden Sie auf
www.styriabooks.at

Coverbild: Ruth Kappus, München
Christian Jungwirth: 98, 99, 105, 107, 109, 110
apa-Picturedesk: 100, 101, 102, 103, 104, 105, 106, 108, 111, 112
privat: 97, 99, 100

ISBN 978-3-222-15097-5
Bücher aus der Verlagsgruppe Styria gibt es
in jeder Buchhandlung und im Online-Shop
www.styriabooks.at

Projektleitung und Lektorat: Ulli Steinwender
Cover- und Buchgestaltung: Larissa Cerny
Redaktionelle Mitarbeit: Sylvia Maier-Kubala
Korrektorat: Joe Rabl

Druck und Bindung: Gerin
Printed in the EU
7 6 5 4 3 2 1